L'essentiel de l'orthographe

POUR

LES NULS

L'essentiel de l'orthographe

POUR

LES NULS

Françoise Ravez

et **Marianne Gobeaux**

Agrégées de Lettres

Un ouvrage dirigé par Gilles Guilleron

FIRST
Editions

L'essentiel de l'orthographe pour les Nuls

12 avenue d'Italie
75013 Paris – France
Tél. : 01 45 16 09 00
Fax : 01 45 16 09 01
www.editionsfirst.fr
www.pourlesnuls.fr

ISBN : 978-2-7540-6557-3
Dépôt légal : septembre 2014
Imprimé en Italie

Direction éditoriale : Marie-Anne Jost-Kotik
Édition : Laury-Anne Frut, assistée de Sandra Acina
Mise en page : Catherine Kédémos
Couverture : KN Conception
Correction : Valérie Gios
Production : Emmanuelle Clément

Sommaire

Introduction

L'orthographe française a mauvaise réputation ! Elle serait difficile à maîtriser. Vous-même, à l'école, vous avez peut-être souffert avec les règles d'accord du participe passé. En réalité, vous le verrez, ce n'est pas si compliqué !

On insiste toujours sur les exceptions… mais elles sont minoritaires ! Sachez que, heureusement, les règles simples restent les plus nombreuses en français. Vous pourrez, en utilisant notre ouvrage, les retenir aisément, et acquérir les bons réflexes en matière d'orthographe. Car il est important de bien écrire : c'est ce qui permet de bien communiquer !

À propos de ce livre

Avec *L'essentiel de l'orthographe pour les Nuls,* vous allez vous réconcilier avec les règles et les exceptions du français ! Vous y trouverez des clés pour écrire sans erreur, mais aussi des explications qui vous permettront de comprendre comment fonctionne la langue pour ne plus vous tromper.

Comme son titre l'indique, ce livre vous présente l'essentiel de ce que vous devez savoir ; que vous soyez complètement fâché avec l'orthographe ou simplement « rouillé », vous trouverez sans mal des solutions pour progresser !

Les icônes utilisées dans ce livre

Ces dessins que vous trouverez dans la marge attirent votre attention sur des points précis. Voici leur signification :

Soyez malin, utilisez les astuces que nous vous indiquons ! Vous y trouverez des « trucs » qui vous permettront de choisir la bonne orthographe en cas de doute.

Cette icône vous alerte sur une difficulté particulière, un piège ou une confusion à éviter ; elle peut aussi vous rappeler une règle abordée dans un autre chapitre.

Lisez bien les conseils qu'elle apporte si vous voulez aller plus loin : elle clarifie les choses et vous propose souvent un complément d'information.

Le saviez-vous ? Depuis 1990, les règles de l'orthographe française ont été simplifiées ! Cette icône vous signale la façon dont vous pouvez désormais écrire certains mots. Mais soyez prudent : même si deux orthographes sont à présent acceptées, de nombreuses personnes (employeur, jury...) font de la résistance et préfèrent l'ancienne.

Les hypothèses

En écrivant ce livre, nous avons émis les hypothèses suivantes :

- Vous êtes à l'aise à l'oral en français.
- Vous avez quelques connaissances en orthographe, mais vous ne vous souvenez pas bien de toutes les règles.
- Vous hésitez souvent au moment d'écrire un mot.
- Vous souhaitez progresser en orthographe sans pour autant devoir apprendre une série de règles et d'exceptions rébarbatives.
- Vous voulez un livre facile à comprendre, sans vocabulaire compliqué, qui vous apporte des solutions simples et rapides.

Comment utiliser ce livre ?

Vous cherchez une réponse précise et claire à une question que vous vous posez ?

- Vous vous demandez quelle est l'orthographe d'un mot ? Accents, voyelles, consonnes sont abordés dans les chapitres 2 à 7.

- Vous cherchez à savoir s'il faut accorder un mot et comment ? Vous trouverez toutes les explications dans les chapitres 8 à 15.
- Vous avez peur de confondre un mot avec un autre ? La solution figure dans les chapitres 16 à 18.

Et pour la ponctuation, le chapitre 1 fait le point !

Si votre question porte sur un mot ou une règle en particulier, utilisez l'index pour vous rendre directement à la page qui vous aide à correctement orthographier.

Si vous voulez entamer un programme de révisions intenses (examen, embauche…), lisez régulièrement et attentivement ce livre chapitre par chapitre.

Chapitre 1

Maîtriser la ponctuation

Dans ce chapitre :

- Respecter les différents signes de ponctuation
- Ponctuer un dialogue
- Mettre les majuscules quand il le faut

Bien ponctuer est essentiel car cela sert à rendre votre texte compréhensible : la ponctuation vous permet de délimiter vos phrases, de séparer les groupes de mots. C'est elle qui transcrit les pauses de votre texte ainsi que ses intonations à l'oral. Ce chapitre va vous aider à vous y retrouver parmi les différents emplois de tous les signes.

Terminez vos phrases !

La ponctuation est obligatoire en fin de phrase.

Le plus simple : le traditionnel point

Employé **seul**, c'est le signe de ponctuation le plus courant en fin de phrase : ne l'oubliez pas et n'hésitez pas à le grossir dans vos textes manuscrits !

Employez-le quand **vous affirmez** quelque chose :
Je pars faire du ski la semaine prochaine.

Après un point, ayez le réflexe « majuscule ».

Quand ils vont par trois, ce sont les ***points de suspension*** : utilisez-les pour indiquer que votre phrase est interrompue : *Je ne pense pas que je viendrai…*

Après les points de suspension, faut-il une majuscule ?

- Oui, si votre phrase est définitivement terminée.
- Non, si vos points de suspension traduisent une interruption momentanée, une simple hésitation, alors la phrase continue…
  La course, le VTT, la natation… je pratique tous ces sports.

Mettez un point après les abréviations : *etc.*, *avant J.-C.*, mais quand l'abréviation est le dernier mot de la phrase, ne doublez pas le point.

La question du point d'interrogation

C'est celui que vous mettrez à la fin d'une question directe : *Quel est ton film culte ?* Un seul point d'interrogation suffit, sauf si vous écrivez des dialogues de BD !

Après un ?, ayez le réflexe « majuscule » :

*Quel est ton film culte ? **C**'est* Star Wars.

Quand la question n'est pas posée directement comme dans un dialogue, vous ne devez pas mettre de point d'interrogation :

*Je lui ai demandé quel était son film culte***.**

Le point d'exclamation : à vous de voir !

C'est vous qui choisissez de transformer un simple point en ! pour charger votre phrase en émotion ou en expressivité : *Je pars faire du ski la semaine prochaine !*

Comme pour le ?, un seul ! suffit.

Quand vous donnez un ordre ou un conseil, vous avez deux possibilités :

Envoie-moi un SMS pour confirmer ! ou *Envoie-moi un SMS pour confirmer.*

Après un !, ayez le réflexe « majuscule ».

Quelle ponctuation utiliser à l'intérieur des phrases ?

Utilisez la virgule pour séparer et encadrer les éléments qui composent la phrase

Elle permet de faire une courte pause ; employez-la pour séparer des propositions, des groupes de mots, faire des énumérations. Dans ce cas, vous pouvez la remplacer par *et* :

Pendant mon absence, tu arroseras mes plantes, tu rangeras ta chambre, tu laveras ton linge. = Pendant mon absence, tu arroseras mes plantes ***et*** *tu rangeras ta chambre* ***et*** *tu laveras ton linge.*

Pour mettre en valeur un élément de la phrase, elle vous est indispensable.

Pierre, cela fait trois ans qu'il ne me parle plus. Pierre, fâché contre moi, ne me parle plus.

Quand utiliserez-vous le point-virgule ?

Comme son nom l'indique, il tient à la fois du point et de la virgule. Il marque une pause plus forte dans la phrase. Utilisez-le pour :

- Mettre fin à une affirmation, mais pas pour terminer une phrase.

- Séparer différentes propositions au sein de la phrase, notamment lorsque celle-ci comporte déjà des virgules : *Le garagiste m'a appelé, il m'a envoyé un devis pour les réparations ; je passerai à la banque demain.*

Pas de majuscule après le ;

Deux-points et trois fonctions

Si vous avez besoin de citer ou d'expliciter, c'est à eux que vous devez penser car :

- Ils indiquent que vous allez rapporter un extrait, des propos, généralement de quelqu'un d'autre.

  Le cambrioleur a déclaré **:** *« La porte était ouverte : ce n'est pas ma faute si je suis rentré, mais celle du propriétaire. »*
- Ils introduisent une énumération.

  Il avait fait de nombreux voyages **:** *en Chine, aux États-Unis, en Argentine, en Océanie.*
- Ils vous évitent d'employer un mot explicitant le lien logique entre deux propositions. *Elle adore les animaux* **:** *son père vétérinaire lui a transmis cet amour.* = *Elle adore les animaux,* **en effet** *son père vétérinaire lui a transmis cet amour.*

Pas de majuscule après les :

Toujours par deux, les parenthèses

Vous pouvez mettre entre parenthèses ce qui vous semble secondaire dans votre propos : un mot, un groupe de mots, une proposition que vous insérez ainsi sans alourdir la phrase :
Envoie-moi par la poste des vêtements de rechange (on m'a tout volé au camping), c'est urgent.

Notez qu'il n'y a jamais de ponctuation avant la parenthèse ouvrante.

Pas de majuscule après la parenthèse fermante, mais elle peut être suivie d'un point :

Envoie-moi par la poste des vêtements de rechange (on m'a tout volé au camping). C'est urgent.

C'est nouveau ! Utilisez les parenthèses dans un mot pour indiquer que celui-ci peut varier en genre et en nombre :
Cher(s) collègue(s)
Le/la gagnant(e) recevra la somme de 5 000 euros.

Utilisez les crochets [ ] pour signaler que vous avez effectué une coupure de texte et mettez des points de suspension pour le remplacer :
L'article 14 prévoit que le contrevenant sera puni d'une amende [...] payable immédiatement.

Ne tirez pas de trait sur le tiret

Utilisez-le :

- Lorsque vous faites une énumération ou une liste verticales.

  Pour la mousse au chocolat :

  - 150 g de chocolat noir

  - 100 g de sucre

  - 4 œufs

- Lorsque vous écrivez un dialogue pour indiquer un changement d'interlocuteur.

Le double tiret est l'équivalent des parenthèses :
Elle a interrogé les voisins – ceux du dessus – mais aucun n'a reconnu avoir fait la fête la nuit dernière.

Majuscule ou pas majuscule après le tiret ? C'est simple : quand il n'y a qu'un tiret de début, mettez une majuscule. Quand il y a deux tirets qui encadrent, pas de majuscule après le second !

Trait d'union ou tiret ?

Ils se ressemblent, mais ce sont deux signes différents ! Vous devez utiliser le trait d'union, plus court, pour :

- Couper un mot quand vous arrivez en fin de ligne. Vous devez le faire à la fin d'une syllabe complète (le son que

vous entendez), toujours avant une consonne :
Un collé-gien, une sylla-be.

Quand il y a deux ou trois consonnes, coupez après la première :
un por-table, une pirouet-te, septem-bre.

- Relier les mots composés :
un beau-père, un gratte-ciel, un non-fumeur, là-dessus.

Si vous précisez un mot par *-ci* ou *-là*, vous devez employer le trait d'union :
cette femme-ci, celle-là.

Une exception facile à retenir : quand le mot composé comporte une préposition, la plupart du temps pas de tiret !
une machine à laver, un bonnet d'âne.

- Orthographier certains nombres :
vingt-deux, trente-trois.
- Écrire EN et Y après l'impératif :
Vas-y ! Parlons-en !
- Faire une inversion :
Es-tu partant pour une raclette samedi ? Encore faut-il que je sois libre.

N'utilisez pas l'apostrophe dans une inversion, mais le tiret :
Y aura-t-il assez de fromage ? et non
~~*Y aura-t'il assez de fromage ?*~~

Réservez l'apostrophe pour éviter d'avoir à prononcer avec difficulté deux voyelles : *s'il te plaît !* et non
~~*si il te plaît !*~~

Les guillemets : si vous les ouvrez, pensez à les fermer !

Utilisez-les :

- Si vous citez un mot employé par quelqu'un d'autre :
Il m'a dit que j'étais « pénible » !
- Si vous citez une phrase qui n'est pas de vous :
« La femme est l'avenir de l'homme », a dit Aragon.

  Dans ce cas, n'oubliez pas la majuscule en début de phrase et sa ponctuation finale !
- Dans un dialogue, comme vous allez le lire ci-dessous…

Comment ponctuer un dialogue ?

Vous avez la possibilité en français de disposer et présenter les dialogues de deux façons.

- Verticalement en allant à la ligne à chaque réplique s'il y en a beaucoup.

  Ils sortirent.

  « Quelle belle soirée, s'exclama la jeune fille.

  – Oui, elle me rappelle celle où nous nous sommes rencontrés.

  –Tu t'en souviens ? s'étonna-t-elle.

  – Bien sûr ! »

- Sur une même ligne s'il y en a peu.

  Ils sortirent. « Quelle belle soirée, s'exclama la jeune fille. – Oui, elle me rappelle celle où nous nous sommes rencontrés. »

Mais, dans tous les cas, il vous faut :

- Mettre un tiret à chaque changement d'interlocuteur.
- Débuter et terminer par des guillemets, placés au début et à la fin des paroles.

Pas de guillemets dans les dialogues de théâtre, mais le nom du personnage suivi d'un tiret.

Même si certains écrivains choisissent de se passer des guillemets dans leurs dialogues, nous vous conseillons de les employer !

N'oubliez pas les majuscules !

Vous devez y penser :

- En début de phrase après . ? ! les … finaux et le – des dialogues.
- Pour les noms portés par des individus : *Alfred Nobel*, des organismes officiels ou privés : *l'Éducation nationale, le Parti socialiste*. Vous écrirez les noms constituant un sigle ou un acronyme : *l'ONU*, une *ONG* avec les initiales majuscules.

- Pour les noms de lieux : *l'Angleterre*. Notez que les noms d'habitants prennent la majuscule : *un Anglais*, mais pas l'adjectif correspondant : *l'humour anglais*.
- Pour les titres de livres, films, tableaux, etc. : *La Recherche du temps perdu*.
- Pour les titres et les fonctions : *Veuillez agréer, Madame la Directrice* mais *elle est directrice ; Écrivez à Son Excellence* mais *c'est l'excellence dans le domaine*.

Vous mettrez une majuscule aux périodes, événements et mouvements historiques ou artistiques : *la* ***R****évolution, la* ***R****ésistance, le* ***S****urréalisme* mais *la* ***r****évolution du numérique, la* ***r****ésistance d'un matériau, le* ***s****urréalisme d'une situation*.

Écrivez *État* et non *état* si vous parlez du pays.

Et si vous préférez l'ordinateur au stylo

Pensez à l'espace entre le mot et le signe de ponctuation qui le suit quand ce signe est composé de **deux éléments typographiques** : ; ! ? « »

Dans tous les autres cas . , ( ) - … collez-le au mot qui le précède : *Il a perdu ; tant pis pour lui*. Mais *Il a perdu, tant pis pour lui*. Et surtout n'oubliez pas l'espace après chaque signe de ponctuation !

Chapitre 2

Se réconcilier avec les accents

Dans ce chapitre :

- Comprendre le rôle des accents
- Savoir quand mettre un accent, et choisir le bon
- Utiliser le tréma

Un accent, ça change tout ! Quand faut-il en mettre ou ne pas en mettre ?

Il peut vous arriver d'hésiter sur l'accent à mettre sur une lettre, ou de ne pas savoir s'il faut accentuer. Bien accentuer vous permet d'écrire un son, mais aussi de différencier certains mots qui se prononcent de la même manière : cela conditionne donc la correction et le sens de ce que vous écrivez. Ce chapitre vous aidera à vous y retrouver.

BON À SAVOIR

Lorsque vous utilisez le stylo, vous n'êtes pas obligé d'accentuer les majuscules. *A demain !* Mais faites-le lorsque vous tapez votre texte à l'ordinateur ! *À demain !*

Les accents sur le E

Savoir mettre le bon accent sur le E : fiez-vous à la prononciation !

- Choisissez **l'accent aigu** pour le son « É » fermé comme dans *bébé, l'appétit, un péché capital.*

  En début et en fin de mot, l'accent est toujours aigu : *un épicier, la santé.* Seule exception : *une ère.*

- Il faut un accent **grave** ou **circonflexe** pour le son « È » ouvert comme dans *il pèche, une pêche.*

ASTUCE

L'accent circonflexe est généralement la trace d'une ancienne lettre disparue, souvent un S : *une quête* > *une que**s**te.* Si vous hésitez, cherchez un mot de la même famille, cette lettre y sera peut-être restée ! *une que**s**tion.*

Sachez que les mots qui se terminent au singulier par -ES prennent toujours un accent grave *très, faire exprès, un palmarès.*

RÉFORME DE 1990

Vous êtes désormais autorisé à mettre un accent sur des E qui auparavant n'en prenaient pas, alors que leur prononciation en demandait un ! *un révolver, un média, asséner, réfréner.* Vous pouvez également mettre un accent grave à *un évènement, un règlement, une crèmerie.*

Quels accents sur le E dans les verbes conjugués ?

Pour vous y retrouver, **partez de l'infinitif**.

- Si le verbe à l'infinitif comporte un accent aigu sur le E de son radical (comme *espérer, préférer, céder,* etc.) il deviendra grave **au présent** pour *je tu il(s),* et pour toutes les personnes **au futur et au conditionnel** : espérer → *j'espère, ils espèrent, tu espèreras, nous espèrerions.*
- Les verbes qui ne portent pas d'accent à l'infinitif comme *lever, mener, peser, semer…* prennent

un accent grave sur le E lorsque vous les conjuguez, si la prononciation change : *je lève, tu mènes, il pèserait, vous sèmerez.*

- Si le verbe se termine en -ELER ou -ETER, deux cas de figure se présentent quand vous les conjuguez.

Le E de ces verbes devient È quand vous les conjuguez	
acheter/racheter → ils achètent	*fureter → elle furète*
geler/congeler/dégeler → je gèle/congèle/dégèle	*marteler → nous martèlerons*
peler → tu pèleras	*écarteler → ils écartèleraient*
crocheter → nous crochèterons	*ciseler → vous cisèlerez*
modeler → vous modèleriez	*haleter → tu halètes*
démanteler → il démantèle	*écarteler → j'écartèle*
déceler → vous décèlerez	*corseter → elle corsète*

Pas besoin d'accent, doublez la consonne qui précède le E quand vous conjuguez	
chanceler → elle chancellera	*carreler → tu carrelles*
appeler/rappeler → ils appellent	*amonceler → vous amoncellerez*
renouveler → tu renouvellerais	*niveler → nous nivellerons*
étiqueter → j'étiquette	*feuilleter → je feuillette*
empaqueter → il empaquette	*caqueter → elle caquette*
jeter /rejeter → elle jette/nous rejetterons	

Il vous est possible de remplacer la double consonne par un accent : *vous renouvèlerez, ils carrèlent,* sauf pour les verbes appeler et jeter ainsi que pour tous ceux de la même famille : *rappeler → tu rappelles/elle rappellera ; rejeter → il rejette/je rejetterai* auxquels vous devez laisser deux T ou deux L.

Ne mettez jamais d'accent sur le E

- Quand il est placé juste avant une double consonne : *mettre, une pelle, un messager, effectivement.*

  Sachez que le X compte pour deux consonnes ! *une connexion, complexe.*

- Quand il est placé juste avant deux consonnes différentes qui se suivent : *permis, un espoir, respirer.*

Quand dans ce groupe de deux consonnes la seconde est un L ou un R, vous devez mettre un accent : *la fi**è**vre, **é**cru, p**é**n**é**trer, espi**è**gle.*

ASTUCE

Deux consonnes qui ne sont pas prononcées séparément : *th - ch - ph - gn* ne comptent que pour **une seule** : vous pouvez donc mettre un accent sur le E qui les précède ! *l'**é**thique, un **é**l**é**phant, l**é**cher.*

- Quand il est placé juste avant le T, D, F, C, R, Z final d'un mot : *un livret, sec, un pied, un ver, une clef, un nez.*
- Quand ce E appartient à un composant d'origine latine ou grecque : *inter, hyper, cyber : un hypermarché, un cybercafé, international.*

Les accents sur A - O - U - I

L'accent circonflexe sur le A et le O indique généralement une prononciation différente plus fermée : *notre* mais *le n**ô**tre ; une tache (salissure)* mais *une t**â**che (travail).* Sur le I et le U, vous ne pouvez pas vous repérer au son : *un égout, un go**û**t.* En cas de doute, une seule solution : le dictionnaire !

RÉFORME DE 1990

Les accents circonflexes sur les I et les U ne sont plus obligatoires : vous pouvez écrire *une flute, un maitre, une boite, assidument, la gaité.* La preuve : votre correcteur orthographique ne soulignera pas ces graphies en rouge !

Nous vous rappelons cependant que de nombreuses instances officielles et privées (recruteurs, jurys d'examens…) ne (re)connaissent pas la réforme de l'orthographe, aussi, par précaution, suivez l'ancienne règle.

Au passé simple, l'accent circonflexe, c'est simple !

Au passé simple, vous ne pouvez pas vous tromper : il y a toujours un accent circonflexe sur le A, le U et le I des terminaisons pour *vous* et *nous* : *nous v**î**nmes, vous cour**û**tes, nous arriv**â**mes.*

Quand c'est l'auxiliaire qui est au passé simple (votre verbe est alors au passé antérieur), vous appliquez la même règle : *quand nous f**û**mes arrivés, quand vous e**û**tes vu.*

N'employez jamais l'accent circonflexe au passé simple à la 3e personne du singulier. À cette personne, on ne le rencontre que pour un temps très rare : l'imparfait du subjonctif : *bien qu'il voulût, quoiqu'il fît.*

S'en sortir avec l'accent circonflexe sur le I des verbes en -AITRE et -OITRE

La réforme de l'orthographe vient à votre secours ! Vous pouvez désormais faire simple, c'est-à-dire mettre un simple point sur les I.

L'ancienne orthographe, qui vous obligeait à mettre un accent circonflexe sur le I avant le T, reste toujours possible (et parfois plus prudente !) : *paraître/paraitre ; il paraît/il parait ; accroître/accroitre ; il accroît/il accroit.*

Croître et *croire* ont à certains temps des formes similaires. L'accent reste obligatoire sur le I et le U de *croître* pour les distinguer : *Et il croit tous tes mensonges* ? mais *Cet arbre croît bien mieux à l'ombre. Et il a cru tous tes mensonges ?* mais *Cet arbre a crû bien mieux à l'ombre.* Gardez aussi l'accent circonflexe pour les composés de *croître*, *accroître* et *décroître*.

Un accent pour distinguer des mots de nature différente et de sens différent : les homophones

Sans accent	***Avec accent***	***Comment les distinguer ?***
du : *du pain/ loin du bruit* [déterminant]	dû : *il a dû sortir* [participe passé de *devoir*]	*Du* est toujours placé devant un nom
sur : *sur la table* [préposition]	sûr : *en es-tu sûr ?* [adjectif]	Vous pouvez remplacer par *certain* ? Écrivez *sûr* !
la : *la vaisselle* [déterminant]	là : *Mets-toi là !* [adverbe de lieu]	Vous pouvez remplacer par *une* ? Écrivez *la* !
ça : *Comment ça va ?* [pronom]	çà : *il va çà et là* [adverbe de lieu]	Vous pouvez remplacer par *cela* ? Écrivez *ça* !

Sans accent	***Avec accent***	***Comment les distinguer ?***
des : *des bonbons/ loin des yeux* [déterminant]	dès : *demain dès l'aube/ dès que* [préposition] / [conjonction]	*Des* est toujours placé devant un nom au pluriel
a : *qui a faim ? qui a sonné* ? [verbe ou auxiliaire avoir]	à : *je pense à toi* [préposition]	Vous pouvez remplacer par *avait* ? Écrivez *a* !
ou : *thé ou café ?* [conjonction de coordination]	où : *à l'époque où il vivait* [pronom relatif de temps ou de lieu, pronom interrogatif]	Vous pouvez remplacer par *ou bien* ? Écrivez *ou* !
une tache : *une lessive anti-taches*	une tâche : *il a accompli une tâche immense*	Vous pouvez remplacer par : *salissure* ? Écrivez *tache* !
un mur : *le mur du son* [nom]	mûr : *du raisin mûr* [adjectif]	*Mur* est toujours précédé d'un déterminant : *le/au/ du/un/mon/leur/notre/ce...*
jeune : *comme il fait jeune !* [adjectif]	le jeûne : *absence volontaire d'alimentation* [nom]	Vous pouvez remplacer par *vieux* ? Écrivez *jeune* !

Pour finir, le tréma

Vous ne le placerez que sur le I (le plus souvent), le E, plus rarement sur le U : *un canoë, une coïncidence, paranoïaque.*

Pour prononcer distinctement deux voyelles

Le rôle du tréma est de signaler que deux voyelles consécutives se prononcent séparément. Dans *il va me haïr* le A et le I forment deux sons différents, ce que signale le tréma, à la différence de *il me hait,* où le A et le I ne forment qu'un seul son.

Le tréma est nécessaire sur le I des mots en –OÏDE : *du celluloïde*, en –AÏQUE : *la Jamaïque*, en –OÏSME : *l'héroïsme*, en –AÏSME : *le judaïsme*, et en –OÏSTE : *un égoïste.*

Pour prononcer le U dans GU

Le tréma signale que le U se prononce séparément du G dans *ciguë, ambiguïté, contiguïté* et *exiguïté.*

Il en faut un sur le E des adjectifs féminins *aiguë, ambiguë, contiguë, exiguë.*

Le casse-tête du tréma dans les mots en -GU enfin résolu ! Le tréma passe sur le U de tous ces mots, pour indiquer clairement que le U se prononce séparément du G : *aigüe, ambigüe, contigüe, exigüe, cigüe, ambigüité, contigüité, exigüité.* Sachez qu'on peut écrire désormais *une gageüre* et *argüer* qui autrefois s'écrivaient *une gageure* (souvent mal prononcé) et *arguer.*

Chapitre 3

Employer la/les bonnes consonnes pour transcrire un son

Dans ce chapitre :

- Bien écrire le son « SS »
- Bien écrire le son « Z »
- Bien écrire le son « K »
- Bien écrire le son « GU »
- Bien écrire le son « J »
- Bien écrire le son « F »

Plusieurs consonnes peuvent servir en français à écrire un même son. C'est souvent la position de la consonne dans le mot, et son voisinage avec d'autres consonnes ou certaines voyelles qui déterminent le bon choix. Vous devrez aussi parfois rapprocher le mot d'un autre de la même famille pour trouver l'orthographe qui convient. Vous saurez choisir entre les différentes possibilités en appliquant quelques principes simples que nous allons vous expliquer. Nous vous indiquerons également les principales exceptions.

Psitt… voici comment écrire le son « SS » !

- Le cas que vous rencontrerez le plus souvent : écrire **deux S**.

  Vous le ferez entre deux voyelles : *une ca**ss**erole, un ti**ss**u, un pou**ss**in, une care**ss**e.* Si vous en oubliez un, vous pourriez avoir des surprises et vous retrouver à avaler *un poi**s**on* au lieu d'*un poi**ss**on !*

  Vous devrez toutefois prendre garde à *su**s**urrer, vrai**s**emblable* et *impre**s**ario* qui ne prennent qu'un S entre leurs voyelles !

- Mais vous ne devez écrire qu'**un seul S** dans les cas suivants :
  - Pour obtenir le son « SS » **entre une consonne et une voyelle** : *une per**s**onne, un pan**s**ement, sur**s**auter.*
  - Quand votre mot est formé avec certains préfixes d'origine grecque ou latine. Pourquoi un seul S ? Parce que les éléments qui composent le mot sont encore bien distincts ! On marque d'ailleurs souvent une pause à l'oral entre les deux éléments : *re-situer.*

Préfixe	*Sens*	*Exemples*
a-	dépourvu de	*a**s**ymétrique, a**s**ocial*
anti-	contre	*anti**s**eptique*
auto-	par soi-même	*auto**s**uffisance, auto**s**atisfaction*
bi-	deux	*bi**s**exuel* mais attention *bi**ss**extile*
co-	avec	*co**s**ignataire, co**s**inus*
contre-	contre	*contre**s**ens*
dé-	éloigner	*dé**s**olidariser, dé**s**uet*
entre-	entre	*entre**s**ol*
homo-	identique	*homo**s**exuel*
micro-	petit	*micro**s**illon*
para-	contre	*para**s**ol, para**s**ismique*
pré-	devant	*pré**s**éance, pré**s**élection*
poly-	plusieurs	*poly**s**émie*
re-	de nouveau	*re**s**aler, re**s**urgir* mais attention *re**ss**aisir, re**ss**errer, re**ss**ortir*

  - Vous écrirez toujours le début d'un mot commençant par le son « SS » avec un seul S s'il est suivi des voyelles A, O, U, Y : *un **sa**vant, un **sor**tilège, une **sou**dure, du **su**cre, un **sy**stème*. Quand le mot commence par le son « SS » suivi de E ou I, c'est une orthographe très fréquente : *un **ser**gent, un **si**gnal.*

- Écrivez **un C** devant I, E, ou Y.

  Le C **généralement placé devant un I ou un E** sert également à transcrire le son « SS » : *un épi**ci**er, un **ci**gare, aper**ce**voir, dur**ci**r, une éclair**ci**e,* plus rarement devant un Y: *un **cy**gne.*

  Voici les cas où vous serez amené à employer le C :

  - Pour les mots se terminant en -ICE : *un serv**ice**, un exerc**ice**, la pol**ice**, la mil**ice**, fact**ice**, prop**ice**.*

BON À SAVOIR

Retenez ces exceptions, qui s'orthographient différemment. Leur finale sera -ISSE : *une cu**isse**, une coul**isse**, une prém**isse**, une écrev**isse**, une esqu**isse**, une bât**isse**, la jaun**isse**.* Un petit coup de pouce pour vous aider : ils sont féminins !

  - Pour les noms féminins désignant un état et se terminant en -ANCE ou -ENCE : *la différ**ence**, la pati**ence**, la défi**ance**, la désobéiss**ance**.*

  - Pour les mots qui ont dans leur famille des mots terminés en -IQUE : *l'informatique → un informati**ci**en, magique → magi**ci**en, classique → le classi**ci**sme.*

  - Pour de nombreux adjectifs se terminant en -ACE comme *perspic**ace**, fug**ace**, loqu**ace**, effic**ace*** et en -OCE : *vél**oce**, préc**oce**.*

  - Pour les mots finissant en -IEN : *un techni**cien**, un physi**cien**, an**cien**,* à l'exception des dérivés de noms géographiques où il faut écrire un T : *égyp**tien**, mar**tien**, béo**tien**.*

  - Pour les mots formés sur le radical de ***c**ycle* : *un **c**yclope, une bi**c**yclette, les **C**yclades,* etc., ou sur le radical de ***c**ercle* : *en**c**ercler, **c**irculation, **c**irculaire.*

ATTENTION !

Doublez le C pour *une su**cc**ion, une liposu**cc**ion.*

- Le cas de la cédille : **quand faut-il écrire ç** ?

  Pour obtenir le son « SS » devant A, O, U, il vous faut parfois recourir à la cédille : *une fa**ç**on, dé**ç**u.*

Le moyen pour savoir quand vous l'utiliserez pour orthographier ce son est de vous demander si le mot provient d'**un radical terminé en C**. Si c'est le cas, mettez la cédille : *France* → *français, balancer* → *une balançoire.*

Pensez-y notamment quand vous conjuguez un verbe en -CER, et aidez-vous du son à obtenir : *apercevoir* → *j'aperçus ; placer* → *elle plaçait.*

- Écrivez SC si vous employez :

Un mot formé sur le radical -SCI (= le savoir)	*la **sc**ience, (in)con**sc**ient, la/l'(in)con**sc**ience, à bon e**sc**ient,* etc.
Un mot se terminant en -***ESCENCE/-ESCENT***	*un adole**sc**ent, la dégénére**sc**ence*
Un mot se terminant en ***-ESCIBLE***	*(im)putre**sc**ible*

Vous devez également écrire SC pour orthographier correctement des mots courants comme : *une **sc**ène, une **sc**ie, un **sc**eau, (dé)**sc**eller, **sc**intiller, ob**sc**ène, un fa**sc**icule, une ab**sc**isse, un plébi**sc**ite, (res)su**sc**iter, les vi**sc**ères, une a**sc**ension, un a**sc**enseur.*

***Sc**eptique* ou ***s**eptique* ? Les deux existent ! Nous vous recommandons le premier si vous êtes dans le doute : *Je suis sceptique*, plutôt que le second qui signifie « produisant de la putréfaction » comme la fosse *septique*…

- Il vous arrivera souvent d'entendre « SS » que vous devrez pourtant écrire **T** :

  - Pour tous **les noms féminins** se terminant en :

    - UTION : *une absolu**t**ion, une exécu**t**ion, une diminu**t**ion*

    - ATION : *la contesta**t**ion, l'exaspéra**t**ion*

    - ITION : *une reddi**t**ion, une dispari**t**ion*

  et d'autres où -TION est précédé d'une consonne comme : *une inspec**t**ion, une direc**t**ion, une excep**t**ion, la corrup**t**ion.*

Sachez que derrière L et R, vous écrirez -SION : *une pul**s**ion, une ver**s**ion, une convul**s**ion.* Il n'y a que quatre exceptions : une *asser**t**ion, une inser**t**ion, une déser**t**ion, une (dis)(pro) por**t**ion.*

Vous devrez écrire cependant avec deux S : *une mi**ss**ion* (et ses composés *une permi**ss**ion, une démi**ss**ion, etc.), la pa**ss**ion, une fi**ss**ion, une se**ss**ion, une ce**ss**ion, une percu**ss**ion, une discu**ss**ion, une sci**ss**ion, une profe**ss**ion, une obse**ss**ion.*

- Pour un certain nombre de noms féminins en -IE à la fin desquels vous entendez le son « SS ». Pour vous aider à les repérer, soyez logique ! Si le T est la dernière consonne du nom ou de l'adjectif correspondant, écrivez T : *l'aristocra**t**ie//aristocra**t**e, une idio**t**ie//idio**t**, la minu**t**ie//minu**t**ieux.* S'il n'y a pas de mot correspondant en -T, mettez un C : *la pharma**c**ie.*
- Pour les mots se terminant en -TIEL : *un référen**t**iel, intersti**t**iel, présiden**t**iel.*

Vous aurez affaire à quelques exceptions, parmi lesquelles : *circonstan**ciel**, sacrifi**ciel**, offi**ciel**, un logi**ciel**, artifi**ciel**, un didacti**ciel*** dont vous orthographierez la fin -CIEL.

- Pour les adjectifs finissant en -TIEUX dont le nom correspondant comporte un -T : *ambi**t**ieux* car *ambi**t**ion, supersti**t**ieux* car *supersti**t**ion, préten**t**ieux* car *préten**t**ion, précau**t**ionneux* car *précau**t**ion.*

Le Z fait le BUZZ ! Comment écrire le son « Z » ?

- Choisissez dans la majorité des cas d'écrire **un seul S** !

  La règle de base est simple : vous emploierez la lettre S pour transcrire le son « Z » si dans le mot elle est placée entre **deux voyelles**. C'est ainsi que s'orthographient la plupart des mots français contenant le son « Z » : *une pri**s**on, un oi**s**eau, un pré**s**ident, un voi**s**in, le ha**s**ard.*

- Choisissez **la lettre Z**
  - Pour tous les mots qui commencent par le son « Z » : *une **z**ébrure, un **z**oulou, un jardin **z**oologique.* La bonne nouvelle est qu'il n'y a pas d'exception !
  - Après une consonne, vous écrirez toujours le son « Z » avec la lettre Z : *quin**z**e, un bon**z**e, un chimpan**z**é, un zig**z**ag, Tar**z**an,* exception faite pour

tsigane, alsacien, balsamique et des mots formés avec l'élément latin *trans,* qui gardent leur S final étymologique : *transiter, transalpin, transition.*

Quelques mots s'orthographient cependant avec un Z entre deux voyelles, comme *douze, douzaine, treize, dizaine, zézayer, une topaze, la gaze, le gazon, une amazone* ainsi que certains mots d'origine étrangère : *la zizanie, une gazelle, azimut, du gazole, le bazar, un kamikaze.*

Pensez à mettre deux Z à certains mots venant d'autres langues ; le plus souvent, leur prononciation appuyée vous aidera à les orthographier sans peine : *une pizza, la mozzarella, le muezzin, un puzzle, un grizzli, le jazz,* par exemple. Attention cependant à *un jacuzzi* et *le blizzard* où le double Z ne s'entend pas !

- Choisissez un **X**
  - Pour les dérivés des chiffres **se terminant en -X** comme *deuxième, sixième, dixième*, pour lesquels le X se prononce « Z ». Cela peut vous sembler curieux : l'astuce est de penser qu'il faut garder la lettre finale du chiffre d'origine *deux, six, dix.*

    Cependant vous écrirez *une dizaine.*
  - Si vous entendez dans le mot **le son « GZ »**, vous l'écrirez aussi avec la lettre X, en début comme en milieu de mot : *un xylophone, un examen, exact, l'existence, exhaler, exhiber.*

Orthographier *eczéma* ne vous donnera plus des boutons : vous pouvez adopter la nouvelle orthographe *exéma !*

Si vous rencontrez le son « K », que choisir : C, QU, CQU, K, CK ou CH ?

Sachez que les deux cas les plus fréquents sont C et QU

Les autres orthographes concernent des mots d'origine étrangère, moins nombreux. Soyez attentif à la voyelle qui suit, elle détermine souvent la bonne orthographe.

- La voyelle qui suit le son « K » est un A, un O, un U ? C'est le C que vous écrirez le plus souvent : *une **ca**pitale, un é**cu**sson, un dé**co**rateur.*

  Les cas particuliers se font rares : *li**qu**oreux, **qu**alité, **qu**antité, **qu**artier, **qu**otidien.*

  Doublez le C pour les mots de la famille de
  ***accord** : accorder, accordéon*
  ***accueil** : accueillir, accueillant*
  accroc : *accrocher, accrochage*,
  ainsi que pour *un saccage, le baccalauréat, succulent, une succursale.*

  Y a un *truc* ! Si le mot que vous employez est un nom masculin d'**une syllabe** et qu'il se termine par le son « K », écrivez-le avec un C : *un ba**c**, un la**c**, un ti**c**, un pi**c**, un zin**c**, un coua**c**, un du**c**.* Souvenez-vous cependant qu'on écrit *cin**q*** et *un co**q*** !

- La voyelle qui suit est un I ou un E ? C'est **QU** qui est le plus fréquent : *une **qu**ittance, é**que**stre, un é**qui**page, atta**qu**er.*

  Facile à mémoriser ! Tous les noms féminins terminés par le son « K » s'écrivent -QUE : *une barri**que**, une bar**que**, une bi**que**, la musi**que**.*

  Vous écrirez -QUE à la fin de tous les adjectifs finissant en « K » au masculin comme *sympathi**que**, prosaï**que**, chimi**que**,* sauf pour cinq exceptions : *cadu**c**, gre**c**, publi**c**, se**c** et tur**c**.*

ATTENTION !

*Laï**c*** ou *laï**que** ?* Ne confondez pas le nom et l'adjectif, leurs fins s'orthographient différemment ! Vous écrirez *un baptême laï**que*** [adjectif] mais *un laï**c*** [nom]. Vous écrirez aussi *un publi**c*** [nom].

- Vous vous demandez quand il faut écrire -CQU ?

  Dans très peu de situations, rassurez-vous !

  - Dans les dérivés du prénom Jacques : *Ja**cqu**eline, le jeu de ja**cq**uet.*
  - Dans les mots formés sur le radical du verbe ***qu**érir* précédé d'un A : ***acqu**érir, **acqu**isition, **acqu**éreur.*
  - Pour les verbes ***acq**uiescer, sa**cqu**er* et *be**cqu**eter* (familiers), *des so**cqu**ettes.*

- Vous hésitez entre -**C**AGE et -**QU**AGE à la fin d'un nom ?
  - Sachez que si votre mot ne provient pas d'un verbe, il s'écrira -CAGE : *un maré**c**age.*
  - Si vous pouvez rapprocher ce mot d'un autre de la même famille qui contient un C, en toute logique, écrivez -CAGE : *un blo**c** → un blo**c**age, un tru**c** → un tru**c**age, un fli**c** → un fli**c**age.*
  - S'il provient d'un verbe lui-même terminé en -QUER, écrivez sans hésiter -QUAGE : *mar**qu**er → un mar**qu**age, remor**qu**er → un remor**qu**age, plasti**qu**er → un plasti**qu**age.*

Si vous devez écrire à l'infinitif un verbe du 1er groupe terminé par le son « KÉ » sachez que ce sera toujours -QUER ! *blo**qu**er, masti**qu**er, abdi**qu**er.*

- Vous hésitez entre -**C**ABLE et -**QU**ABLE à la fin d'un adjectif ?

  Restez câblé ! La solution est de vous demander s'il existe un nom terminé en -ATION de la même famille. S'il y en a un, écrivez -QUABLE, sinon, écrivez -CABLE ! Ainsi, vous écrirez *une idée inatta**qu**able* car les mots ~~inattaquation~~ et ~~attaquation~~ n'existent pas, mais *une idée difficilement appli**c**able* car le mot *appli**c**ation* existe.

- Vous hésitez entre -**C**ANT et -**QU**ANT à la fin d'un mot ?

  Vous pouvez insérer TRÈS devant le mot ? Écrivez -CANT ! Si c'est impossible, il faut -QUANT ! Écrivez *il a été convain**c**ant* si vous pouvez dire *il a été **très** convain**c**ant.* Mais vous écrirez *en convain**qu**ant ses parents, il a fait fort,* car vous ne pouvez pas dire *en ~~très~~ convain**qu**ant ses parents, il a fait fort.*

Pas si archaïque, le CH !

Vous orthographierez le son « K » CH pour des mots d'origine grecque comme *le **ch**oléra, l'é**ch**o, une or**ch**idée.* Vous rencontrerez aussi ce cas de figure pour les familles de mots qui suivent :

Élément	Sens	Exemples
arch	ancien	*ar**ch**aïque, un ar**ch**éologue*
chaos	le désordre	*le **ch**aos, **ch**aotique*

Élément	*Sens*	*Exemples*
chlor	vert	*la **ch**lorophylle, un **ch**lorate, le **ch**loroforme*
chor	la danse, le chant	*le **ch**œur, la **ch**orale, les **ch**oristes, la **ch**orégraphie, l'or**ch**estre*
chrom	la couleur	*mono**ch**rome, poly**ch**rome, un **ch**romosome*
chron	le temps	*(ana)**ch**ronique, **ch**ronologique, syn**ch**roniser, un **ch**ronomètre*
psych	l'âme	*un psy**ch**ologue, un psy**ch**opathe, psy**ch**ologiquement*
techn	l'art	*te**ch**nique, un te**ch**nicien, polyte**ch**nique*

Mettez-vous à l'heure internationale avec K et CK !

Ces orthographes proviennent de mots d'origine étrangère, majoritairement de l'anglais, mais pas seulement. Il n'y a donc pas de règle pour ce qui les concerne, mais vous devez en respecter l'orthographe !

Écrivez K	*Écrivez CK*
*le bas**k**et, un ca**k**e, le fol**k**lore, un **k**laxon, un par**k**ing, le po**k**er, un s**k**etch, un spea**k**er, un tan**k**, un wee**k**-end*	*un bifte**ck**, un co**ck**tail, un jo**ck**ey, un pi**ck**po**ck**et, le ro**ck**, un sto**ck**, un ti**ck**et*

Ne confondez pas *le hoquet*, spasme dont il est difficile de se débarrasser, et *le hockey*, sport sur glace ou sur gazon, *le criquet*, insecte qui dévore tout, avec *le cricket*, sport national anglais, ni *le roc* d'origine minérale, avec *le rock(and roll)* !

L'allemand nous a légué des mots comme *un **k**épi, **k**itsch, le blo**ck**haus, le ni**ck**el, le te**ck**el.* D'autres mots sont d'origine asiatique : *un **k**ami**k**aze, un **k**arao**k**é, un judo**k**a, le sa**k**é* ou d'autres parties du monde : *un bi**k**ini, un **k**oala, un **k**angourou, un anora**k***, sans oublier ceux que nous ont légués les Grecs : *un **k**yste, an**k**ylosé, un **k**inésithérapeute*… pas de quoi être mis K.O. !

Évitez les accidents sur le son « KS » !

Ne censurez pas le X !

- Le mot se termine par le son « KS » ou on entend ce son dans sa dernière syllabe ? Écrivez sans hésiter X : *un inde**x**, un sile**x**, un ta**x**i, perple**x**e, une réfle**x**ion, une conne**x**ion.*
- Le son « KS » est suivi ou précédé d'une consonne ? Écrivez X ! *une e**x**périence, une e**x**cuse, un (pré)te**x**te.*

Vous n'entendez pas le C dans *(sur)e**xc**iter, e**xc**essif*, mais il faut le mettre à l'écrit, sinon on entendrait ~~*egziter, egzessif*~~ !

- Vous pourrez rencontrer le X entre deux voyelles pour certains mots comme *un to**x**icomane, la pro**x**imité, la rela**x**ation.*

Doublez le C !

- Pour savoir quand vous devez écrire ACC- pensez à décomposer le mot ! Vous saurez que c'est la bonne orthographe pour les mots en « ACS », « OCS » et « SUCS » si vous réussissez à isoler un radical que vous retrouvez dans d'autres mots de la même famille. Si ce radical commence par CE ou CI, doublez le C. Ainsi écrivez *su**cc**éder, a**cc**éder*, car le radical est *-céder* comme dans *pré/céder*. De même, isolez le radical *-cident* de *oc/cident* en pensant à *in/cident ou à ac/cident* et mettez deux C : *o**cc**ident.*

D'autres mots prenant deux C sont à connaître, ou à vérifier dans le dictionnaire si vous n'êtes pas sûr de vous. Voici les principaux : *a**cc**ent, bu**cc**in, co**cc**inelle, co**cc**yx, o**cc**iput, o**cc**ire, su**cc**inct et va**cc**in.*

Si vous devez écrire un mot en « KS » issu d'une famille comportant les sons « K » et « T » prononcés séparément et écrits CT, ne changez rien et gardez CT ! *un acteur → une a**ct**ion, un secteur → une se**ct**ion, un instructeur → une instru**ct**ion.*

Différenciez bien le son « G » du son « J »

Vous hésitez sur l'écriture du son « G » ?

- La lettre qui suit est **une consonne ? Écrivez G** : *une **gl**ace, des **gr**avats, un o**gr**e.*
- La lettre qui suit est une voyelle, **A, O ou U ? Écrivez G** : *le lan**ga**ge, un **ga**barit, une **ga**ine, une **go**ndole, le **goû**t, dé**gu**ster.*

Vous doublerez le G pour les familles de mots suivantes commençant par :

Aggrav-	Agglut-	Agglom-
a**gg**raver, a**gg**ravation, a**gg**ravant	a**gg**lutiner, a**gg**lutination, a**gg**lutinat	a**gg**lomérat, a**gg**lomérer, a**gg**lomération

ainsi que pour *le tobo**gg**an.*

ATTENTION !

Ils s'accrochent à leur U ! Si vous conjuguez un verbe dont l'infinitif s'écrit en -GUER , vous devez écrire -GU même devant A ou O : *il distin**gu**ait, nous navi**gu**ons.*

- La voyelle qui suit est I, E (avec ou sans accent) ou Y ? **Écrivez GU** : *la **gu**imauve, san**gu**inaire, un **gu**éridon, un do**gu**e, **Guy**.*

ATTENTION !

Attention au *bug* pour les mots anglais ! Le U est pour eux inutile : *un hambur**g**er, un bu**g**, un blo**g**, un airba**g**, un **g**an**g**.*

- Vous vous demandez si vous devez écrire **-G**ANT ou **-GU**ANT à la fin d'un mot ?

  Pour les formes en -ANT provenant de verbes, les deux possibilités existent souvent. Pour trouver laquelle est la bonne, le test infaillible est de **mettre *très* devant**. Si c'est possible, il faut orthographier -GANT : *Je travaille avec un collègue fati**g**ant/Je travaille avec un collègue **très** fatigant.*

  Si vous **ne pouvez pas** mettre *très* devant, écrivez -GUANT : *Ma collègue me fati**gu**ant, j'ai changé de* *bureau*, car vous ne pouvez pas dire *Ma collègue me ~~très~~ fatig**u**ant, j'ai changé de bureau.*

Et si vous entendez le son « J », comment l'écrire ?

- La lettre qui suit est I ou Y ? Écrivez **toujours G** : *une **gi**boulée, un en**gi**n, un ré**gi**ment, un **gy**rophare.*
- La lettre qui suit est A, O ou U ?

  Il vous faut transformer le son « G » en son « J » par l'ajout d'un E après le G :

  - Pour certains mots comme *un plon**ge**on, la rou**ge**ole, une déman**ge**aison.*
  - Quand, pour conjuguer un verbe se terminant en -GER, vous utilisez les terminaisons *ai, ais, ait, as, a, ons, ont, aient, ant : ils na**ge**aient* et non *ils ~~nagaient~~ ; en chan**ge**ant* et non *en ~~changant~~.*
- La lettre qui suit est un E ?
  - Écrivez **GE** : *le passa**ge**, le passa**ge**r, déran**ge**r, dé**gé**nérer, un **gé**rant, le **ge**l.*
  - Écrivez **J** pour les mots comportant :

jet	*ject*	*maj*	*jeu*
*ob**jet**, su**jet**, su**jé**tion, **jet**, re**jet**, tra**jet**, pro**jet**, é**je**cter, un **je**ton*	*ab**ject**, ab**jec**tion, ob**jec**ter, ob**jec**tion con**jec**ture, tra**jec**toire, pro**jec**tion, pro**jec**tile*	***maj**esté, **maj**eur*	***jeu**, **jeu**di, en**jeu**, **jeu**ne, **jeu**nesse, **jeû**ne, dé**jeu**ner*

Attention aux mots d'origine anglaise : *un bud**ge**t, un gad**ge**t.*

- Quand un mot commence par « JA », « JO » ou « JU », **jamais d'hésitation, c'est un J** ! : ***j**eudi, **j**adis, du **j**ambon, un **j**oueur, un **j**ugement, **j**ongler.*

Il existe aussi d'autres mots nécessitant un J comme : *dé**j**à, tou**j**ours, con**j**oint, une in**j**ure, un gou**j**on, un don**j**on, l'aca**j**ou, un na**j**a.* Il n'y a pas de règle, vérifiez dans le dictionnaire si vous avez un doute !

Ne nous affolons pas face au son « F » !

Il peut être utile de savoir que *piquer un **f**ard* signifie rougir violemment mais que *piquer un **ph**are,* c'est voler un accessoire automobile ! Trois possibilités s'offrent à vous pour écrire ce même son : F, FF, PH.

- Le cas le plus courant est un seul F : *en**f**in, une pantou**f**le, un pro**f**esseur, un dé**f**i, une gi**f**le, du sa**f**ran, un sa**f**ari.*
- Quand faut-il doubler le F ?
  - Si vous écrivez un mot commençant par les sons « AF », « EF », « OF », « DIF » : ***aff**irmer, une e**ff**raction, une o**ff**rande, une di**ff**iculté, di**ff**érer.*

    Il n'y a que peu d'exceptions dont *a**f**in de, l'A**f**rique/a**f**ricain, A**f**ghanistan/a**f**ghan, un a**f**icionado.*

Gardez les deux F si vous employez un composé du mot de base : ***aff**oler → ra**ff**oler, di**ff**user → redi**ff**user*

  - Si votre mot commence par le son « SIF », « SOUF » ou « SUF » : *un si**ff**lement, sou**ff**rir, sou**ff**le, su**ff**isant.*

Cette règle ne souffre qu'une seule exception : *le sou**f**re* et les mots de la même famille : *sou**f**ré, une sou**f**rière.*

*Boursou**ff**lure* et *persi**ff**ler* peuvent désormais prendre deux F !

  - Pour certains mots courants et ceux de leur famille comme : *co**ff**re, coi**ff**e, chi**ff**re, gri**ff**e, chau**ff**er, di**ff**orme.*
- L'orthographe PH

  Le PH vient de mots d'origine grecque qui comportaient le son « F ». Vous aurez donc à l'employer pour de nombreux mots savants, médicaux, ou scientifiques, dont certains sont fréquents comme *un **ph**are, un **ph**énomène, une am**ph**ore, une **ph**rase, une stro**ph**e, la péri**ph**érie, une s**ph**ère, une nym**ph**e, un sca**ph**andre, une **ph**alange, la **ph**armacie.* Consultez le récapitulatif suivant en cas d'hésitation :

Élément	*Sens*	*Exemples*
–céphal–	*tête*	*encé**ph**alogramme, cé**ph**alopode*
–graphe–	*écrire*	*sismogra**phe**, autogra**phe**, gra**ph**ique*
–morph–	*forme*	*métamor**ph**ose, mor**ph**ologie*
–ophtalm–	*œil*	*o**ph**talmologiste, o**ph**talmie*
–phag–	*manger*	*anthropo**ph**age, sarco**ph**age*
–phil–	*aimer, être attiré*	*franco**ph**ile, **ph**ilanthrope, hémo**ph**ile*
–phob–	*peur*	*claustro**ph**obie, agora**ph**obe*
–phon–	*son*	*anglo**ph**one, a**ph**one, sym**ph**onie*
–phor–	*porter*	*am**ph**ore, photo**ph**ore*
–phot–	*lumière*	***ph**otocopie, **ph**otosynthèse*
–phys–	*nature*	***ph**ysique, **ph**ysiologie*

BON À SAVOIR

Graffiti, bien que venant du grec *graph-*, a fait un détour par l'italien : il a perdu son -PH au profit des deux F !

Chapitre 4

Quand faut-il mettre deux consonnes alors que la prononciation ne l'exige pas ?

Dans ce chapitre :

- Écrire deux consonnes que l'on n'entend pas dans un mot
- Savoir quand la formation du mot vous aide pour bien l'écrire

Savoir quand mettre une (ou deux) consonne(s) dans un mot sans qu'on l'entende est une des difficultés du français. Toutefois des règles simples vous permettent de vous y retrouver, et d'avoir un **mari** qui ne soit pas **marri**, de prendre plaisir à avaler des **dattes** car ce ne seront pas des **dates** historiques ! Ce chapitre vous y aide.

Tout d'abord, vous observerez une règle simple : n'écrivez jamais de consonne double après une autre consonne : *un co**mp**agnon* et non ~~*un comppagnon*~~ !

De même, vous ne doublerez jamais la consonne après E prononcé « E » sauf pour *dent**ell**ière, interp**ell**er* et *prun**ell**ier.*

Vous regarderez ensuite à quelle place se trouve la consonne dans le mot.

En début de mot

Pour savoir quand vous devez doubler une consonne en début de mot, le plus simple est de regarder sa construction : il peut avoir été formé avec un préfixe (un élément placé en début de mot), ce qui vous aide pour bien l'écrire.

Le préfixe ne change pas de forme : il se termine toujours par la même consonne

Si c'est la même lettre qui finit le préfixe et qui commence le radical (le mot de départ), la consonne est automatiquement doublée :

inter-national mais *inte**r-r**égional.*
[préfixe - radical] [préfixe - radical]

Voici les préfixes les plus fréquents :

- INTER : *inte**rr**ègne, inte**rr**ompre*
- SUR : *insu**rr**ection, su**rr**éaliste, su**rr**égime, su**rr**énal*
- TRANS : *tran**ss**aharien, tran**ss**exuel, tran**ss**ibérien*

Le préfixe change de consonne finale

Quand le préfixe se termine par une voyelle, vous ne vous poserez pas la question du doublement de la consonne (*apo-strophe*) ! Mais certains préfixes peuvent prendre une consonne supplémentaire : par exemple le préfixe *co–* (= avec) permet de former ***coéquipier*** sans changer de forme, mais il devient *cor–* pour former ***corriger !*** Du coup, il vous faut doubler le R.

Comme toujours, pour les préfixes EN et IN, vous écrirez M au lieu de N si le radical commence par M : *em-mener, im-mobile.*

En cas de doute, consultez un dictionnaire ! Voici toutefois pour vous aider les préfixes les plus fréquents avec lesquels vous pouvez être amené à doubler la consonne :

Mot commençant par	***Sens***	***Exemples***
ac devant C		***acc****rocher*, ***acc****ommoder*,
	attribution	*s'****acc****roupir*, ***acc****ueil*
af devant F	lieu	***aff****aiblir*, ***aff****aire*, ***aff****amer*,
	manière	***aff****oler*
ag devant G	déroulement	***agg****raver*
al devant L		***all****éger*, ***all****ier*, ***all****onger*, ***all****umette*
an devant N		***ann****once*, ***ann****oter*
ap devant P		***app****artenir*, ***app****rendre*, ***app****rocher*, ***app****rofondir*
ar devant R		***arr****ondir*
as devant S		***ass****agir*, ***ass****emblée*, ***ass****ocier*, ***ass****oiffer*, ***ass****ouplir*
at devant T		***att****errissage*, ***att****eindre*, ***att****endre*, ***att****raper*, ***att****rister*

Le préfixe ***a–*** (qui indique la privation) n'entraîne jamais le doublement de la consonne : ***a****nonyme*, ***a****pesanteur*, ***a****social*, ***a****tome*, ***a****tone*.

col devant L		***coll****aborer*, ***coll****ectif*
com devant M	avec	***comm****ère*, ***comm****ettre*
cor devant R		***corr****ection*, ***corr****ompre*
des devant S	priver	***dess****aler*, ***dess****ervir* mais *se désolidariser*
ef devant F	priver	***eff****aroucher*, ***eff****ectif*, ***eff****ort*
es devant S	finir	***ess****oucher*, ***ess****oufflement*
en devant N	dans	***enn****eigé*
em devant M	mouvement	***emm****ener*
in devant N		***inn****ommable*, ***inn****ervé*
il devant L	négation ou lieu	***ill****égal*, ***ill****isible*, ***ill****uminé*
im devant M		***imm****aculé*, ***imm****euble*, ***imm****obile*, ***imm****ortel*, ***imm****uable*
ir devant R		***irr****adié*, ***irr****ésistible*, ***irr****esponsable*
op devant P	devant	***opp****osant*, ***opp****rimer*

pres devant S	avant	***press**entir*
res devant S	encore, de nouveau	***ress**ervir, **ress**ortir, une **ress**ource* mais *une **res**ucée, **res**aler, **res**alir.*

Pour les mots qui commencent par le son « ÉT », écrivez un seul T : ***ét**abli, **ét**onner, **ét**irement, **ét**oile, **ét**udier…* alors que pour ceux qui commencent par « AT », vous devrez le plus souvent en écrire deux : ***att**endre, **att**ention, **att**irail…*
Mais faites attention à : *une **at**èle, un **at**elier, un **at**hée, un **at**hlète, **at**lantique, **at**mosphère, un **at**our, un **at**out* et ***at**roce.*

Au cœur du mot

Il n'y a pas de règle précise pour savoir quand mettre une ou deux consonnes au cœur d'un mot. Toutefois, vous pouvez vous appuyer sur la famille de ce mot ! Ainsi si vous savez écrire le mot *terre,* vous penserez aux deux R dans tous les mots de sa famille : *atte**rr**er, atte**rr**ir, déte**rr**er, ente**rr**ement, ente**rr**er, extrate**rr**estre, extrate**rr**itorialité, Médite**rr**anée, parte**rr**e, pied-à-te**rr**e, pomme de te**rr**e, se te**rr**er, soute**rr**ain, te**rr**ain, te**rr**asse, te**rr**eau, te**rr**e-neuve, te**rr**e-plein, te**rr**ier, te**rr**il, te**rr**itoire, te**rr**oir…*

Vous ferez de même dans de nombreux cas comme pour les deux N de *perso**nn**e (imperso**nn**el, perso**nn**age, perso**nn**el…)* ou les deux C d'*o**cc**uper (ino**cc**upé, o**cc**upation, préo**cc**upé).*

Certaines familles connaissent toutefois des exceptions ! En voici les principales :

- *une ba**rr**ique* mais *un ba**r**il*
- *un canto**nn**ier* mais *un chemin canto**n**al*
- *une cha**tt**e* mais *un cha**t**on, une cha**t**ière*
- *un cou**rr**ier* mais *un cou**r**eur*
- *un do**nn**eur de leçon* mais *un do**n**ateur, une do**n**ation*
- *une fo**ll**e* mais *la fo**l**ie, fo**l**ichon*
- *un ho**mm**e* mais *un ho**m**icide*
- *un ho**nn**eur* mais *un homme ho**n**orable, ho**n**orer*

- *un ma**mm**ifère* mais *une ma**m**elle*
- *la mo**nn**aie* mais *mo**n**étaire*
- *no**mm**er* mais *une no**m**ination, no**m**inal*
- *une pa**tt**e* mais *pa**t**auger, un pa**t**in*
- *une sa**ll**e* mais *un sa**l**on*
- *so**nn**er* mais *la réso**n**ance, la conso**n**ance, une so**n**ate, so**n**ore, inso**n**orisation*
- *une tra**pp**e* mais *attra**p**er*
- *une va**ll**ée* mais *une ava**l**anche, déva**l**er*

Vous pouvez à présent choisir d'écrire selon l'ancienne orthographe, ou selon la nouvelle, qui « rectifie » les anomalies :

Famille	*Orthographe ancienne*	*Orthographe acceptée depuis 1990*
*une cha**rr**ette*	*un cha**r**iot*	*un cha**rr**iot*
*un comba**tt**ant*	*un homme comba**t**if*	*un homme comba**tt**if*
*un ho**mm**e*	*la bonho**m**ie, prud'ho**m**al*	*la bonho**mm**ie, prudho**mm**al*
*une hu**tt**e*	*une cahu**t**e*	*une cahu**tt**e*
*un imbéci**l**e*	*l'imbéci**ll**ité*	*l'imbéci**l**ité*
*un si**ff**lement*	*un persi**f**lage*	*un persi**ff**lage*
*un sou**ff**le*	*une boursou**f**lure*	*une boursou**ff**lure*

Dans certains cas, la prononciation peut vous aider ! Sachez qu'un E ne se prononce A que devant deux consonnes : *une **femm**e* (on prononce « une famme ») mais *une **fem**elle* (on prononce « une fe-melle »).

Au cœur du mot, vous n'écrirez jamais MM ou NN après I ou U : *une di**m**ension, la lu**n**e.* Mais il y a des exceptions : *Entends-tu la cloche tinti**nn**abuler au fond du tu**nn**el ?*

À la fin du mot

Vous devrez souvent doubler la consonne finale pour mettre un mot au féminin ; reportez-vous au chapitre 8 pour savoir comment procéder.

Quand vous employez un verbe conjugué

Pour certains verbes, vous devrez écrire une ou deux consonnes. Pour cela, soyez attentif à la prononciation !

- Si vous entendez le son « È »
  - Doublez le N qui suit le son « È »

    <u>prendre</u> : *nous pre**n**ons* (« E ») mais *ils pre**nn**ent* (« È »).

BON À SAVOIR

Vous écrirez NN pour *tenir, venir* et leur famille (*J'aimerais que tu vie**nn**es !*), mais vous écrirez -ÈNE pour *égrener, mener* et leur famille : *Viens, je t'emm**è**ne !*

  - Doublez le L ou le T si vous entendez « È » avant la consonne :

    <u>appeler</u> : *nous appe**l**ons* (« E ») mais *nous appe**ll**erons* (« È »).

    <u>jeter</u> : *vous je**t**ez* (« E ») mais *tu je**tt**es* (« È »).

BON À SAVOIR

Pour certains verbes, *celer, acheter, ciseler, déceler, (dé)geler, congeler, démanteler, écarteler, fureter, haleter, marteler, modeler, peler,* vous ne doublerez pas la consonne mais vous mettrez un accent grave (*il g**è**le*) ; reportez-vous au chapitre 2 !

Il y avait une seule exception : le verbe *interpeller* qui s'écrit toujours avec deux L : *j'interpe**ll**e* (« È »), *nous interpe**ll**ons* (« E »). Depuis la réforme de 1990, vous pouvez écrire *interpe**l**er.*

- Quand doubler le R ?

  Certaines familles sont recomposées : elles ont deux radicaux différents ! C'est le cas de *courir* (et de sa famille) qui a pour radicaux COUR- et COURR- :

  - Vous conjuguez ce verbe au futur ou au conditionnel ? Employez COURR- : *je cou**rr**ai* [futur], *nous parcou**rr**ions* [conditionnel].
  - Vous conjuguez ce verbe à n'importe quel autre temps ? Employez COUR- : *tu cou**r**s, il cou**r**ait, vous avez cou**r**u.*

- Vous ferez de même pour les verbes *acquérir, envoyer, mourir, pouvoir, voir* et pour ceux de leur famille, au futur et au conditionnel présent : *j'acque**rr**ai, tu enve**rr**ais, il mou**rr**a, nous pou**rr**ions, vous ve**rr**ez.*
- Quand doubler le S lorsque la prononciation ne l'exige pas ?

  Vous penserez bien à écrire SS pour éviter le son « Z » : *je fini**ss**ais.* Mais vous n'oublierez pas d'écrire SS dans un cas très rare : au subjonctif imparfait des verbes *tenir, venir* et leur famille : *Il eût fallu que tu tin**ss**es tes engagements.*

Sachez que les verbes qui se terminent par -ONNER doublent toujours le N : *chanto**nn**er, clairo**nn**er, fanfaro**nn**er* sauf *détoner, prôner, téléphoner, (dé)trôner, s'époumoner* et *ramoner.*

À la fin des mots qui ne sont pas des verbes

C'est souvent le cas lorsque votre mot **comporte un suffixe**, c'est-à-dire un élément que vous placez à la fin du mot pour en former un autre ; il vous oblige parfois à doubler la consonne finale de votre mot.

- Vous écrivez un adverbe qui se termine par -MENT formé à partir d'un adjectif terminé par le son « EN » ?
  - Écrivez -AMMENT si l'adjectif correspondant se termine par -ANT : *cour**ant*** > *cour**amment**, étonn**ant*** > *étonn**amment**.*
  - Écrivez -EMMENT si l'adjectif correspondant se termine par -ENT : *fréqu**ent*** > *fréqu**emment**, viol**ent*** > *viol**emment**.*

Qu'ils soient formés à partir d'un adjectif terminé par le son « EN » ou non, vous doublerez le M de tous les adverbes qui se prononcent « AMENT » *fréque**mm**ent, innoce**mm**ent, réce**mm**ent, viole**mm**ent.*

- Vous utilisez le suffixe -ETTE pour créer un diminutif ? Doublez toujours le T : *une maisonne**tt**e, une expression tristoune**tt**e, une fille**tt**e.*

Vous doublerez le N pour la plupart des mots formés à partir d'un autre mot qui se termine par ON : *une questi**on*** > *un questio**nn**ement, un ray**on*** > *rayo**nn**er.*

Mais vous écrirez *une bo**n**ification, un bo**n**us, canto**n**al, démo**n**iaque, un do**n**ataire, natio**n**al, régio**n**al.*

Chapitre 5

Ne pas hésiter à propos des lettres muettes

Dans ce chapitre :

- Repérer le H au début ou dans un mot
- Savoir quelle consonne muette écrire dans un mot ou à la fin d'un mot
- Ne pas oublier le E muet

Une des particularités du français est que de nombreuses lettres – des consonnes comme des voyelles – ne s'entendent pas à l'oral, mais qu'elles figurent obligatoirement à l'écrit. C'est principalement au début et à la fin des mots qu'il faut être vigilant. Si vous vous appropriez les bons réflexes, vous réussirez à matérialiser ces lettres muettes, et elles ne seront plus un problème.

Ce chapitre ne traite pas des consonnes muettes entraînées par les accords ou la conjugaison. Vous trouverez la réponse à vos questions dans les chapitres 9, 12, 13, 14 et 15.

Il ne se prononce pas, mais est indispensable, le H !

Quand mettrez-vous un H en début de mot ?

Même si vous entendez une voyelle à l'initiale du mot, le H peut être un *hic*.

- Respirez pour le H aspiré

  Comment savoir s'il faut commencer par un H ? Vous avez deux tests à votre disposition pour repérer ce H appelé « aspiré », car c'est ainsi qu'il est produit à l'oral.

  - Vous ne pouvez pas faire la liaison avec le mot précédent : prononcer « *des -z- haricots* » n'est pas correct et dire « *je les - z - hais* » au lieu de « *je les hais* » risque d'être incompréhensible si vous voulez exprimer votre haine !
  - Vous ne pouvez pas enlever la voyelle du mot précédent et la remplacer par une apostrophe : « ~~*j'heurte*~~ » est incorrect, il faut dire « *je heurte* » et « *il a pris* ~~*l'hache*~~ » au lieu de « *la hache* » n'est pas possible.

C'est le cas pour un grand nombre de mots comme ***h**aie, **h**âle, **h**alle, **h**ameau, **h**andicap, **h**angar, **h**aricot, **h**asard, **h**âte, **h**aut, **h**avre, **H**enri, **h**éron, **h**eurt, **h**ibou, **h**isser, **h**oquet, **h**ousse, **h**ublot, **h**urler…*

ASTUCE

Des *héros* ou des *zéros* ? Ce jeu de mots bien connu vous aide à vous souvenir que le H aspiré de ***h**éros* ne souffre pas la liaison !

- D'autres mots bien moins nombreux prennent avant leur voyelle un H dit muet qui permet les liaisons et l'apostrophe : ***l'**humain* et non ~~*le humain*~~ que l'on prononce au pluriel « *les-z-humains* ».

  - Parmi ces mots : ***h**abile, **h**abit, **h**abitude, **h**aleine **h**élice, **h**erbe, **h**érédité, **h**ésitation, **h**onnête, **h**onneur, **h**orizon, **h**uissier…*
  - et de nombreux mots commençant par des éléments grecs ou latins :

Élément	*Sens*	*Exemples*
hecto-	*cent*	**h***ectare,* **h***ectolitre*
hélio-	*soleil*	**h***éliotrope,* **h***éliocentrisme*
hémi-	*demi*	**h***émicycle,* **h***émiplégie*
hém(o)-	*sang*	**h***ématome,* **h***émoglobine*
hepta-	*sept*	**h***eptagone*
hétéro-	*différent*	**h***étérogène,* **h***étérosexuel*
hexa-	*six*	**h***exagone*
hipp(o)-	*cheval*	**h***ippopotame,* **h***ippisme*
holo-	*en entier*	**h***ologramme,* **h***olocauste*
hom(o)-	*identique*	**h***omogène,* **h***omologue* mais *omoplate*
horo-	*heure*	**h***oroscope,* **h***orodateur*
horti-	*jardin*	**h***orticulteur,* **h***orticole*
hydr(o)-	*eau*	**h***ydravion,* **h***ydrater*
hyper-	*sur, au-dessus*	**h***yperréaliste,* **h***ypertendu*
hypo-	*sous, en-dessous*	**h***ypoglycémie,* **h***ypocrite*

BON À SAVOIR

Les interjections sont très friandes de H, au début, comme à la fin ! *a**h**/**h**a, o**h**/**h**o, eu**h** !*

N'oubliez pas le H à l'intérieur du mot

- Associé à d'autres lettres, il vous sert à former d'autres sons :
  - Le son « F » → PH : *un **ph**antasme, une catastro**ph**e.* Consultez le chapitre 3 pour plus de précisions.
  - Le son « CH » → CH : *un **ch**alet, une avalan**ch**e,* parfois SCH comme dans ***sch**éma, quet**sch**e, kir**sch**, **sch**naps, put**sch*** ou SH dans les mots d'origine anglaise : *ca**sh**, **sh**ort, **sh**opping, squa**sh**…*

ATTENTION !

Pour le son « K » de *or**ch**estre* orthographié CH, voyez le chapitre 3.

- Pensez aussi au H quand **il passe de l'initiale à l'intérieur du mot**, par le jeu des préfixes ! Ainsi, vous devrez écrire *dés**h**abiller* car le mot de base ***h**abiller* commence par un H, *in**h**umain* car cela vient de ***h**umain*, *des gentils**h**ommes* car ce nom contient le mot ***h**ommes,* ou *pré**h**istoire* en le rapprochant de ***h**istoire*.

Si vous rencontrez un mot comportant les radicaux *-hal-*, *-hér-* et *-hib-*, mettez un H ! C'est le cas de *ad**h**érer, co**h**ésion, ex**h**aler, ex**h**alaison, in**h**aler, in**h**alateur, in**h**érent, (dés)in**h**iber, pro(ex)**h**ibition, red**h**ibitoire*.

- Vous aurez à l'utiliser entre deux voyelles qui se **prononcent séparément** : *éba**h**i, a**h**uri, le cha**h**ut, la co**h**ue, enva**h**ir.* Sans le H, on entendrait « ~~envair~~ » et non « envahir » !
- Vous ne l'entendrez pas non plus dans le son « T »

  Dans de nombreux mots où il est associé au T, orthographiés en TH : *le labyrin**th**e, une mé**th**ode, un my**th**e, une paren**th**èse, le ry**th**me, le **th**éâtre, un **th**ème, une **th**érapie, une **th**éorie* qui viennent du grec. Voici les principales familles de mots auxquels vous devrez mettre un TH :

Élément	*Sens*	*Exemples*
-anthrop-	*humain, homme*	*an**th**ropophage, lycan**th**rope*
ethn-	*peuple*	*e**th**nique, e**th**nocide*
-lith-	*pierre*	*aéroli**th**e, paléoli**th**ique*
ortho-	*droit, correct*	*or**th**ophoniste, or**th**odontiste*
-path-	*sentiment, maladie*	*antipa**th**ie, sympa**th**ie, psychopa**th**e, pa**th**ologiste*
-thé-	*dieu*	*mono**th**éisme, **th**éologie*
-thèque-	*lieu de conservation*	*biblio**th**èque, ludo**th**èque*
-therm-	*chaleur*	*iso**th**erme, **th**ermal*

À la fin d'autres mots, moins nombreux comme *un mammou**th**, de l'ane**th**, un lu**th**.*

- Pensez au H dans quelques mots en RH : *un **rh**ume, un **rh**inocéros, une diar**rh**ée, la **rh**étorique, la **rh**ubarbe.*

Écoutez les autres consonnes muettes !

Commençons par la fin, c'est le plus facile

- Pour repérer une consonne muette à la fin d'un mot, il vous suffit de la faire apparaître :
  - En mettant simplement le mot **au féminin** : *seco**nd*** car on dit *seco**nd**e*, *pena**ud*** car on dit *pena**ud**e*.
  - En le rapprochant d'un mot de la même famille qui comporte la/les même(s) consonnes :
    - Vous pourrez ne trouver qu'une seule consonne muette : *un tami**s*** car *tami**s**er* ; *un dépar**t*** car *par**t**ir ; profon**d*** car *profon**d**eur ; un cour**s*** car *une cour**s**e ; un accro**c*** car *accro**ch**er ; du plom**b*** car *plom**b**er, un outi**l*** car *l'outi**ll**age, un galo**p*** car *galo**p**er, du san**g*** car *san**g**uin*…

C'est la consonne muette qui vous permettra de distinguer certains homophones. Ainsi vous écrirez *un poin**t*** car *poin**t**er* mais *un poin**g** car un poi**g**net* et *un heur**t*** et non ~~*heur*~~ ou ~~*heure*~~ car vous ferez le rapprochement avec *heur**t**er*.

Les liens de parenté ne sautent pas toujours aux yeux… ni aux oreilles !
Sachez que vous devrez mettre un X muet à la fin d'un mot si vous en trouvez d'autres de la même famille en -S : *un choi**x*** car *choi**s**ir, la pai**x*** car *pai**s**ible.*
Le F muet final quant à lui se transforme en -V : *un cer**f** / un cer**v**idé, un ner**f** / une ner**v**ure.*
Quelques traîtres sont en rupture familiale, n'hésitons pas à les dénoncer : *un abri, un artichaut, un bazar, un cauchemar, le tabac.*

Vous êtes maintenant autorisé à écrire *absous* et *dissous* : *absou**t*** et *dissou**t*** en cohérence avec leur féminin *absou**t**e* et *dissou**t**e*.

- Il peut y avoir deux consonnes muettes, procédez alors de la même façon : *l'instin**ct*** car *instin**ct**if* ;

*prom**pt*** car *prom**pt**itude ; doi**gt*** car *di**g**ital, pou**ls*** car *pu**ls**ation.*

Le S muet final soudé à une autre consonne ne peut pas être systématiquement repéré par les manipulations que nous vous indiquons, mais dans *poi**ds**, tem**ps**, cor**ps**, entrela**cs***, vous pouvez identifier leur avant-dernière consonne muette en pensant à *pon**d**éral, tem**p**orel, cor**p**orel, la**c**er.*

Vous écrirez *un pui**ts*** et *un relai**s***.

- Si vous ne parvenez pas à faire apparaître de consonne finale par ces manipulations, rien n'est perdu !
  - Soit il n'y a pas de consonne muette, c'est possible :

Vous entendez à la fin	*Écrivez*	*Exemples*
« EN »	-AN	*écr**an**, talism**an**, charlat**an*** mais *étan**g*** et *haren**g***
« ON »	-ON	*limaç**on**, jet**on**, laider**on***
« OIR »	-OIR	*bav**oir**, parl**oir**, mir**oir***
« OU »	-OU	*verr**ou**, tab**ou**, voy**ou**, fil**ou***

Vérifiez tout de même dans le dictionnaire !

- Soit vous découvrez la consonne finale en vous fiant à **la loi des régularités**.

Le français présente en effet une série de syllabes finales qui s'écrivent **quasiment toujours de la même façon**. Vous n'aurez donc guère à hésiter sur les terminaisons des mots suivants si vous ne trouvez <u>ni mot de la même famille, ni féminin correspondant</u> :

Vous entendez à la fin	*Écrivez le plus souvent*	*Exemples*
« AR »	-ARD	*brouillar**d**, corbillar**d**, foular**d***
« A »	-AT dans la majorité des cas	*partenaria**t**, volontaria**t**, syndica**t*** mais *coutela**s**, cha**s** (d'aiguille), fatra**s**, lila**s***
« EN »	-ENT	*affl**uent**, coeffici**ent**, déferlem**ent**, rapidem**ent***

Vous entendez à la fin	*Écrivez le plus souvent*	*Exemples*
« I »	-IS dans la majorité des cas	*fouillis, parvis, radis, rubis* mais *acabit, appétit, esprit*
« OI »	-OIS au masculin	*carquois, guingois*
	ou -OIX	*choix, poix, voix*

Vous trouverez les terminaisons particulières d'autres mots en consultant les chapitres 6 et 8.

À l'intérieur d'un mot

Les moyens que nous vous indiquons pour repérer les consonnes finales muettes ne fonctionnent pas pour celles figurant à l'intérieur d'un mot.

Fort heureusement, de telles consonnes sont rares ! Vous connaissez déjà les plus fréquents : *amy**g**dale, auto**m**ne, ba**p**tême, com**p**ter, san**g**sue, scul**p**ter.*

Quant aux mots invariables, souvent terminés par une consonne muette *(beaucou**p**, pourtan**t**, volontier**s**)*, vous les rencontrerez au chapitre 10.

Très discret, le E muet peut passer inaperçu : ne l'oubliez pas !

À la fin d'un mot

À la fin d'un mot, vous ne le remarquez pas, car, sauf dans le sud de la France, on ne le prononce généralement pas ; pourtant, il est bien là !

Pour comprendre de quoi il s'agit, pensez à la poésie : le E y est rarement muet, car il faut que le vers compte le bon nombre de syllabes ! Vous le prononcez par exemple dans *Maître corbeau sur un arbre perché*… Pourtant, dans la langue courante, vous dites : « *mon maîtr', un arbr'* ».

- Pensez-y dans **les noms féminins** : la plupart d'entre eux se terminent par un E muet : *une selle, la survie, une denrée, une plaque*. Vérifiez lesquels dérogent à la règle en vous reportant au chapitre 8, ce sera rapide, il y en a peu !
- Pour **les noms masculins**, vous écrirez un E muet
  - À la fin de nombreux mots qui se terminent par les consonnes L ou R : *un domicile, un score*…
  - À la fin des mots qui se terminent par deux consonnes : *le poivre*.
  - À la fin de ces noms terminés par un I : *un foie, un génie, un incendie, un messie, un parapluie, un sosie*.
  - À la fin de toute une série de noms finissant par le son « É », provenant du grec : *un apogée, un athée, un caducée, un lycée, un mausolée, un musée, un trophée, un pygmée, un scarabée*.

Quelques noms masculins d'origine étrangère nécessitent également un E muet : *un barbecue, un caddie, un hippie, un rallye*.

Le E muet peut aussi se cacher à l'intérieur d'un mot !

Pour le repérer, souvenez-vous que vous le rencontrerez :

- Quand vous conjuguerez des verbes en -IER, -YER ou -UER au futur et au conditionnel. Le E qui fait partie du radical ne s'entend alors plus, mais s'écrit :

  Étudier → j'étudierai, j'étudierais ; employer → nous emploierons, nous emploierions, louer → tu loueras, tu louerais.

Fini les pièges ! Vous pouvez écrire *assoir* ou *asseoir*.

- Quand vous emploierez des noms en -EMENT et -ERIE provenant de verbes en -IER, -YER, -ÉER, -UER.

  Balbutier → un balbutiement ; bégayer → un bégaiement ; gréer → un gréement ; éternuer → un éternuement.

  Cependant, pas de E muet dans *un agrément, un argument, un châtiment* et *un supplément*.

Vous l'avalez en parlant, mais vous devez l'écrire : *boulevard, calepin, carreler, charretier, étiqueter*...

Attention à l'écriture du son « J » orthographié -GE- comme dans *rougeole* ; si vous avez un doute, reportez-vous au chapitre 3.

Chapitre 6

Employer la/les bonne(s) voyelle(s) pour transcrire un son

Dans ce chapitre :

- Bien écrire le son « O »
- Bien écrire les sons « I » et « ILLE »
- Bien écrire le son « E »
- Choisir entre « AI » et « EI »

Pour écrire un son, vous pouvez hésiter entre plusieurs voyelles. Ce chapitre vous aide à vous y retrouver pour bien orthographier, ce qui permet d'éviter de modifier le sens de vos propos : si vous appréciez les *mots* d'une personne, vous ne lui parlerez pas des *maux* qu'elle crée !

Comment écrire le son « O » ?

Voici quelques règles simples pour vous y retrouver parmi les différentes orthographes possibles du son « O ».

Commençons par le commencement : les mots débutant par le son « O »

- Le plus souvent, le son « O » correspond à la lettre O : ***o**paque, **o**pération, **o**pinion, **o**pposant, **o**range, **o**reille, **o**rigine, **o**tarie…* et leur famille.
- Pour quelques mots, vous écrirez AU- : ***au**be, **au**berge, **au**dace, **au**gmentation, **au**lne, **au**réole, **au**rore, **au**thentique, **au**tre…* C'est aussi le cas pour les mots liés à l'écoute : ***au**dience, **au**diteur, **au**diovisuel…*

Tous les mots commençant par AUTO s'écrivent ainsi, sauf les mots en rapport avec l'audition (***oto**-rhino*, par exemple) et ceux qui sont passés par la Turquie (***otto**man, **otto**mane*) !

- Vous n'orthographierez -EAU que pour le *heaume,* et, plus fréquent, l'*eau* et ses composés (*eau-de-vie,* entre autres).

Et si vous vous demandez s'il faut un H en début de mot, consultez le chapitre 5 !

Le son « O » en fin de mot

- La plupart des mots qui se terminent par le son « O » s'écrivent -eau : *cad**eau**, chap**eau**, nouv**eau**, p**eau**, rid**eau**.*

Recherchez le féminin ; s'il se termine par -ELLE, on écrit -EAU : *une **belle** cerv**elle***, donc on écrit *un **beau** cerv**eau***. Si ce mot n'a pas de féminin, cherchez un mot de la même famille qui se termine par un autre son. Si vous entendez le son « E » ou « È », le son « O » s'écrit -EAU : *un agn**e**let* donc *un agn**eau***, *cis**e**ler* donc *des cis**eaux***. Une seule exception : *un bur**a**liste* mais *un bur**eau***.

Sachez que quand un mot est construit en ajoutant le son « O » à un autre, c'est presque toujours -EAU que l'on utilise : *arbre → arbriss**eau**, louve → louvet**eau**, troupe → troup**eau**…*

- Le son « O » à la fin d'un mot peut parfois s'orthographier -AU, suivi ou non d'une consonne D, T ou X.

Écrivez -AU pour	*Écrivez -AUD pour*	*Écrivez -AUT pour*	*Écrivez -AUX pour*
boyau, étau, fléau, joyau, landau, noyau, tuyau	*badaud, chaud, réchaud*	*artichaut, assaut, haut*	*chaux, faux*

ASTUCE

Pour identifier ces mots et les différencier de ceux qui se terminent par -EAU, pensez aux mots de la même famille : s'ils contiennent -AL, c'est que votre mot s'écrit -AU : *chaleur* donc on écrit *chaud*, *falsifier* donc on écrit *faux*.

Sachez que le son « O » du pluriel des mots en -AL et -AIL s'écrit -AUX : *un mal de tête* donc *des maux de tête ; un travail original* donc *des travaux originaux*.

- Vous pouvez rencontrer aussi l'orthographe -O, suivie ou non d'une consonne
  - À la fin de quelques mots vous rencontrerez aussi un -O suivi d'une consonne :

Écrivez -OT pour	*Écrivez -OC pour*	*Écrivez -OP pour*	*Écrivez -OS pour*
argot, haricot, coquelicot, dot, escargot, flot, haricot, hublot, îlot, javelot, magot, manchot, mulot, paquebot, robot	*broc, croc, escroc*	*galop, sirop*	*clos, dos, héros, repos*

ASTUCE

Là aussi, jouez la carte de la famille ! Vous retrouverez souvent la consonne finale de ces mots grâce à leur famille : *les usines sont robotisées* donc on écrit *robot ; un cheval galope* donc on écrit *galop*… Mais la famille vous trahit parfois et il y a quelques inévitables exceptions : *on sirote* mais on écrit *sirop !*

  - Vous écrirez -O pour les mots abrégés : *auto, radio, sténo, vélo* et de nombreux mots d'origine étrangère : *bravo, cacao, casino, domino, kimono, lavabo, numéro, piano, studio, trio, zéro*…

BON À SAVOIR

Vous hésitez entre *saut, sceau, seau* et *sot ?* Seul le sens peut vous aider :

- Le *saut* à la perche est le plus haut de tous les sauts !
- Le *sceau* de l'infamie ne doit pas toucher le garde des Sceaux.

- Le *seau* déborde quand il pleut à seaux.
- Quel *sot*, il n'y comprend rien !

Le son « O » à l'intérieur d'un mot

- L'orthographe -O- à l'intérieur du mot est la plus fréquente lorsque le son est suivi d'une consonne : *co**s**tume, éto**nn**ement, ro**b**e, so**mm**e, vo**l**…* sauf pour deux exceptions : *le hareng **saur*** et ***Paul*** et leurs familles (*s**au**mâtre, P**au**line…*).
- C'est aussi le -O- que vous emploierez pour les mots construits avec le préfixe CO- : ***coo**pérer, **coo**pter, **coo**rdonner* et leurs familles.

  Peu de mots comportent -OO- : ils font partie de la famille d'*alcool*, de *zoo* ou sont construits sur le radical *oo* = l'œuf : *une oosphère*.
- Avec un accent circonflexe, on rencontre Ô dans les mots suivants : *alc**ô**ve, ar**ô**me, aum**ô**ne, bin**ô**me, ch**ô**mage, cl**ô**ture, c**ô**ne, contr**ô**le, dipl**ô**me, d**ô**me, dr**ô**le, fant**ô**me, fr**ô**ler, ic**ô**ne, m**ô**le, m**ô**me, p**ô**le, pyl**ô**ne, r**ô**le, r**ô**deur, r**ô**tir, sympt**ô**me, t**ô**le, tr**ô**ne* et les adverbes *aussit**ô**t, bient**ô**t, plut**ô**t, sit**ô**t, tant**ô**t, t**ô**t*.

  La prononciation du O y est plus fermée (comparez *la pole position* et *le p**ô**le nord*) sauf devant un S : *ch**o**se, d**o**se, p**o**se…*

  Vous orthographierez -Ô- quand vous trouverez, dans un mot de la même famille, un S qui suit le O : *c**ô**te* car *on acc**os**te*, *imp**ô**t* car *on imp**os**e*, *h**ô**pital* car *on h**os**pitalise*, *entrep**ô**t* car *on entrep**os**e*.

BON À SAVOIR

Pour choisir entre *notre* et *nôtre*, *votre* et *vôtre* : celui qui n'a pas d'accent circonflexe est un déterminant qui accompagne le nom. L'autre remplace le nom, c'est un pronom.
Il précède un nom ? Écrivez -o- : *n**o**tre amitié m'est très chère*, car *n**o**tre* accompagne le nom amitié. (nom)

Ce n'est pas le cas ? Écrivez -ô- : *J'ai oublié mon chargeur, prêtez-moi le v**ô**tre* car on ne peut dire ~~le votre chargeur~~.

- Vous écrirez -AU- pour quelques mots et leur famille : *c**au**chemar, c**au**se, c**au**tion, ch**au**d, ch**au**ffage, ch**au**mière, ch**au**ssure, cl**au**se, p**au**pière, p**au**se, p**au**vre*.

Ne confondez pas *p**au**se* et *p**o**se*, *ch**au**mer* et *ch**ô**mer* et aidez-vous du sens :

Le maçon fait une <u>pause</u> à midi dans la <u>pose</u> de son carrelage.

<u>Chaumer</u> consiste à ramasser de la paille, mais <u>chômer</u> risque de vous faire vous retrouver sur la paille.

- Vous n'écrirez -EAU- que pour les mots construits à partir d'autres dont la fin s'orthographie déjà -EAU : ***beau*** > ***beau**té*, *poir**eau*** > *poir**eau**ter*.

BON À SAVOIR

Vous allez les adorer ! Certains mots ont deux orthographes depuis la réforme de 1990 et c'est alors à vous de choisir ! C'est le cas de :

arôme/arome — *colineau/colinot*
daurade/dorade — *eskimo/esquimau*

gnaule/gnôle/gniôle — *maure/more*
poireauter/poiroter — *rafiot/rafiau*

restauroute/restoroute — *taule/tôle (prison)*
taulier/tôlier (tenancier)

Pour le son « I », il faut mettre les points... sur quel I ?

I et Y permettent d'écrire le son « I » de *cri* et de *tyran*. Si la lettre I reste la plus fréquente pour l'orthographier, voici quelques clés pour vous aider à savoir quand vous écrirez Y.

- Une évidence s'impose : employez le Y (le I grec) dans les mots d'origine grecque !

  C'est le cas de *analyse, cycle, cylindre, étymologie, mythe, paroxysme, rythme, style, tympan.*

Il apparaît dans les mots formés à partir d'éléments grecs :

Élément grec	Sens	Exemple
dys-	*mauvais*	*d**y**sfonctionnement*
gyn-	*femme*	*g**y**nécologue*
gyro-	*qui tourne*	*g**y**rophare*
hydro-	*eau*	*h**y**droélectrique*
hyper-/hypo-	*sur/sous*	*h**y**pertension*
mytho-	*fable/fiction*	*m**y**thomane*
-onyme	*nom*	*pseudon**y**me*
-phyll-	*feuille*	*chloroph**y**lle*
phyto-	*plante*	*ph**y**tosanitaire*
poly-	*plusieurs*	*pol**y**valent*
psych-	*esprit*	*ps**y**chiatre*
pyro-	*feu*	*p**y**romane*
syn-	*avec*	*s**y**nchroniser*
xylo-	*bois*	*x**y**lophone*

- Le Y est aussi moderne ! Employez-le pour de **nombreux mots anglo-saxons** : *baby, body, curry, fair-play, jockey, lady, lobby, penalty, poney, rugby, tramway, sexy*…
- N'oubliez pas le pronom Y : *Vas-**y**, j'**y** vais !*

Le Y vous renseigne sur le sens ! Vous ne ferez pas tout un *mythe* des *mites* de votre placard ; vous ferez une *satire* (critique) sans vous comporter en *satyre* (divinité ou homme obscène) ; *vous vous dissocierez* (*dis-* séparer) des *dysfonctionnements* (*dys-* mauvais) ; et sur un *hippodrome* (*hippo-* cheval), vous ne miserez pas sur un cheval en état d'*hypoglycémie* (*hypo-* sous) !

Comment écrire le son « ILLE » ?

Pour écrire le son mouillé [j] de *canaille,* ou d'*envoyer*, on a le choix entre Y, ILL et parfois I ! Mais vous orthographierez rarement ce son avec I (*paien*) ; voici comment choisir entre Y et ILL.

Quand employer le Y ?

- **Au début de certains mots** : *yacht, yack, yaourt, yéti, des yeux, yiddish, yoga, youpi, yucca, yo-yo.*
- **Entre deux voyelles** : le -Y- vaut souvent deux I, l'un qui va avec la voyelle qui précède, l'autre avec celle qui suit : *moyen* (on entend « *moi-ien* »), *rayure* (on entend « *rai-iure* »). Vous orthographierez donc souvent Y après une autre voyelle, A, O, U :

A	O	U
*cr**ay**on, fr**ay**eur, l**ay**ette, p**ay**er, r**ay**on, r**ay**ure…*	*b**oy**au, cit**oy**en, f**oy**er, l**oy**er, mit**oy**en, m**oy**en, n**oy**au, n**oy**ade, n**oy**er, plaid**oy**er, v**oy**age…* sauf pour *fouailler, gouaille, ouaille.*	*br**uy**ère, éc**uy**er, gr**uy**ère, t**uy**au…*

ASTUCE

Si votre mot est formé à partir d'un autre mot terminé en -AI, -AIE, -OI, -OIE, -UI, écrivez : ***raie*** > ***ray**on*, ***voie*** > ***voy**age*, *enn**ui*** > *enn**uy**euse…*

Y se prononce « I » après une voyelle seulement pour les mots *abbaye, pays* et *puy* (= volcan).

- **Dans la conjugaison d'un verbe :** pour certains verbes, vous devrez alterner entre I et Y. C'est le cas de tous les verbes terminés par -YER (*essuyer, nettoyer, balayer…*) et des verbes *être, avoir, asseoir, croire, voir, fuir, braire, traire : On s'ass**i**ed* mais *vous vous asse**y**ez.*

  Voici une règle simple pour vous y retrouver : si, quand vous conjuguez le verbe, le son est suivi par une voyelle que l'on entend, écrivez Y, sinon écrivez I : *nous cro**yo**ns* (on entend le O), *vous essa**ye**z* (on entend le É) mais *tu essu**ie**s* (le -e- ne s'entend pas), *il cro**it*** (car c'est une consonne qui suit le son).

  Cependant, pour les verbes terminés par -AYER, vous avez le choix ! Devant le -E- muet vous pouvez mettre soit Y soit I : *je pa**ye**, je pa**ie**.*

ASTUCE

Pour éviter de confondre les verbes en -AYER et ceux en -EILLER, -AILLER, conjuguez-les au présent de l'indicatif ou trouvez un mot de la même famille :

Vous entendez le son « EILLE » dans *je m'émerveille*, et dans *l'émerveillement* donc écrivez *émerve**iller***.

Vous entendez le son « AILLE » dans *je baille*, et dans *le bâillement* donc écrivez *ba**iller***.

Vous ne l'entendez pas dans *je balaie*, ni dans *le balai,* donc écrivez *bala**yer***.

Quand écrire -ILL- ?

-ILL- transcrit le son que vous entendez dans *mou**ill**er*, ***b*ill**et*.

- **Après une consonne** vous emploierez -ILL- (*une f**ill**e, des r**ill**ettes*) sauf derrière une consonne suivie de L ou de R où vous écrirez I : ***cli**ent, ou**bli**er, **tri**age*…

  Remarque : vous écrirez Y dans *ambl**y**opie, amphitr**y**on, cr**y**ogénique, embr**y**on*, et ILL dans *br**ill**er, égr**ill**ard.*

- **Après une voyelle :** à la différence du Y, il ne se lie pas avec le son de la voyelle qui précède : *pa**ill**asson* (on entend *pa-illasson*), *tira**ill**er* (on entend *tira-iller*). Vous écrirez donc -ILL- dans : *bâ**ill**on, bata**ill**on, bou**ill**on, bra**ill**er, ca**ill**ot, ca**ill**ou, créma**ill**ère, défa**ill**ance, déta**ill**er, éca**ill**er, ha**ill**on, ma**ill**on, ma**ill**ot, méda**ill**on, pa**ill**asse, pa**ill**ard, pa**ill**ette, poula**ill**er, ra**ill**er, sa**ill**ant, va**ill**ant*…

  Après OU- et A-, écrivez -ILL- (*fou**ill**er, fa**ill**ir*) sauf pour *fenouil, cobaye, kayak, maya, mayonnaise, papaye.*

Vous hésitez entre -IL et -ILLE ? Choisissez -IL pour le masculin (*un conse**il**, un trava**il***) ; écrivez -ILLE pour le verbe (*il conse**ille**, il trava**ille***) et le féminin (*une abe**ille**, une gr**ille***) sauf pour *feu**ille***, ses dérivés (*un millefeu**ille***), et *joyeux dr**ille**, gor**ille**, pup**ille**, quadr**ille**.*

-ILL- n'est presque jamais suivi d'un I sauf dans *groseill**i**er, joaill**i**er, mill**i**er, mill**i**on, milliard, quincaill**i**er.* Depuis la réforme de 1990, vous n'êtes plus obligé d'écrire ce -I : *joailler.*

Vous vous demandez enfin quand écrire avec Ï ? Consultez le chapitre 2 !

EUH… Comment écrire le son « E » ?

Les sons contenus dans les mots *j**eu***, *fl**eu**r* et *demain* sont assez proches et se distinguent rarement à l'oral. Vous pouvez donc hésiter pour les écrire entre E, EU, UE, Œ ou même ŒU ! Voici comment vous y retrouver.

Quand écrire Œ ou ŒU ?

- Vous écrirez **Œ** seulement pour *œil* et sa famille : ***œ**illet, **œ**illade…*
- Qui vole un œuf vole un bœuf ! Vous écrirez **ŒU** pour les mots *b**œu**f, ch**œu**r, c**œu**r, **œu**vre, m**œu**rs, n**œu**d, **œu**f, ranc**œu**r, s**œu**r* et *v**œu***.

Quand écrire EU ou E ?

En l'absence de règle générale, consultez le dictionnaire ! Voici cependant quelques éléments pour vous aider :

- Au début et à l'intérieur d'un mot, écrivez E : *celui, fenêtre, décevoir…*

  D'ailleurs ce E n'est parfois même pas prononcé à l'oral : *une enveloppe* > on entend à l'oral *une « env'loppe »*. Mais vous rencontrerez des exceptions : *heureux, peureux*.

Ayez le réflexe famille ! Si vous entendez le son « È » dans un mot de la même famille, écrivez bien E : *une échelle* > *un échelon, j'achète* > *acheter*.

- Attention à quelques exceptions :
  - Le EÛ de *j**eû**ne* (mais on écrit *déjeuner*).
  - Le AI du verbe *faire* : vous écrirez *je f**ai**sais,* mais au futur et au conditionnel présent, même si la prononciation est la même, *je ferai*. Un autre mot s'écrit avec AI : *le f**ai**san*.
  - Vous orthographierez UE derrière C pour obtenir le son « K » et derrière G pour obtenir le son « GUE » dans les mots suivants : *c**ue**illir* et sa famille, *cerc**ue**il, éc**ue**il, org**ue**il* et sa famille.

- En fin de mot, écrivez EU : *feu, lieu, pneu, joyeux*…

  Pour éviter les confusions, pensez au son : *JE joue à un JEU* (dont le son est plus fermé) ; *Pour se coiffer, elle ne se fait QUE des QUEUES de cheval.*

N'oubliez pas les mots anglais et leur accent particulier !

Vous écrirez -U, -I et -ER en fin de mot pour certains mots anglais :

- -U : *bluff, club, nurse, pub, puzzle, surf, trust*…
- -I : *tee-shirt, flirt*…
- -ER : *bookmaker, dealer, flipper, leader, shaker, speaker*…

Comment choisir entre AI et EI ?

Le son « È » peut s'orthographier de plusieurs manières. Le chapitre 2 vous explique quel accent choisir, le chapitre 15 vous aide pour la terminaison des verbes, mais vous pouvez encore hésiter entre AI et EI. Au restaurant, vous ne voudriez pourtant pas trouver dans votre assiette des *rainettes* (des grenouilles) si vous avez commandé des *reinettes* (des pommes) ! Voici comment vous y prendre.

- Écrivez **AI** pour la plupart des mots, notamment les mots féminins : *baie, laie, monnaie, raie, paix*… sauf *forêt.*

ASTUCE

Vous orthographierez AI si vous trouvez le son « A » dans les mots de la même famille : *pacifique* > *paix* (*aimable/amour, haine/haïr, lait/lacté*…) ou si votre mot appartient à la famille d'un verbe terminé par -AYER : *essai* > *essayer*.

- Quand écrire **EI** ? Vous devrez recourir au dictionnaire, ou au correcteur orthographique ! C'est le cas pour *baleine, beige, beignet, cheik, déveine, enseigner, freine, haleine, madeleine, monseigneur, neige, peigne, peine, pleine, reine, seiche, seigle, seize, sereine, teigne, treize, veine, verveine.*

Chapitre 7

Bien marier les voyelles et les consonnes

Dans ce chapitre :

- Bien orthographier le son « ON »
- Savoir écrire le son « EN »
- Choisir la bonne orthographe pour le son « IN »

Pour former les sons « ON », « EN » et « IN », plusieurs possibilités s'offrent à vous. Trouver la bonne orthographe permet d'éviter les confusions : vous vous réjouirez d'avoir des **amandes** (fruits) mais pas des **amendes** (contraventions), et vous préfèrerez manger de la **menthe** (plante) que des **mantes** (insectes) ! Ce chapitre vous aide à vous y retrouver.

Choisir entre ON et OM

Vous pouvez hésiter pour orthographier le son « ON ». Là encore, l'orthographe joue un rôle important au niveau du sens : un **comte** peut faire ses **comptes** ou raconter un **conte** ! Une règle simple vous aide :

- Écrivez toujours OM devant B ou P (*co**mb**at, plo**mb**ier, po**mp**on*) sauf pour *bo**nb**on, bo**nb**onne, bo**nb**onnière, embo**np**oint*.
- Dans les autres cas, orthographiez ON (*b**on**, floc**on**, c**on**trefaç**on**, d**on**j**on**, mais**on**, mign**on**, m**on**tagne*) sauf pour les mots de la famille de *c**om**te* et *n**om***.

Ayez le sens de la famille : vous entendrez la bonne consonne ! *nati**on**al* donc écrivez *nati**on***, *n**om**mer* donc écrivez *n**om***.

Vous pourrez également orthographier ce son « UN » ou « UM » pour quelques mots : *acup**on**cture* ou *acup**un**cture, l**om**bago* ou *l**um**bago, p**un**ch* (boisson).

Comment écrire le son « EN » ?

Vous hésitez entre -N et -M ? Procédez comme pour ON et OM : choisissez M devant B, M et P.

Cependant, quand vous écrivez le son « EN », vous pouvez aussi hésiter entre le A et le E.

Pour ne pas vous tromper, vous devez regarder la nature de votre mot.

C'est un nom ?

- Vous écrirez le plus souvent E : *la sci**en**ce, la viol**en**ce,* en particulier pour les nombreux noms terminés par -MENT : *un aligne**ment**, un docu**ment**, un fonctionne**ment**...*

  Vous écrirez notamment -EN après C- prononcé « CEN » : *un ac**cen**t, un **cen**drier* et G- prononcé « GEN » : *un a**gen**t, une **gen**cive, une ur**gen**ce...* Vous hésitez encore ? Si vous mettiez un A, la prononciation changerait : on ne dit pas *un ~~agant~~, un ~~kandrier~~ !*

Là encore, pensez famille ! Si vous rencontrez le son « IN » dans un mot de la même famille, écrivez -EN : ***in**fantile* donc *un **en**fant, **in**fernal* donc *un **en**fer, **im**périal* donc *un **em**pire...*

- Quand écrire A ?
  - Écrivez -A dans les mots terminés par -ANGE : *un **ange**, la f**ange**, une phal**ange**, une gr**ange**...* et par -ANGER : *un d**anger**, un étr**anger**.*
  - Si dans un mot de la même famille, ou au féminin, vous entendez A, écrivez -A : *l'artis**an**at* donc *un artis**an**, une pays**anne*** donc *un pays**an**.*

- Écrivez -A après C- prononcé « KEN » : *un **can**délabre* et G- prononcé « GUEN » : *un bri**gan**d, l'élé**gan**ce.*

Dans les autres cas, aidez-vous du dictionnaire ! Voici les mots les plus courants pour lesquels vous écrirez A : *un aim**ant**, un am**ant**, un bil**an**, une br**an**che, un brel**an**, un cab**an**, un cadr**an**, un caft**an**, un caïm**an**, un calm**ant**, un carc**an**, un catamar**an**, un catog**an**, un chambell**an**, un chenap**an**, un cl**an**, un cormor**an**, un diam**ant**, un écr**an**, un él**an**, un enf**ant**, un éperl**an**, un flam**ant** rose, un fl**an**, un forb**an**, une **jam**be, un merl**an**, un mil**an**, l'orig**an**, un ortol**an**, un ourag**an**, un pélic**an**, un slog**an**, un touc**an**, un vétér**an**.*

BON À SAVOIR

Pour quelques mots, vous écrirez différemment le son « EN » : *un f**aon**, un p**aon**, un t**aon***, et les noms propres *Ad**am**, C**aen*** et *Je**an***.
Ne confondez pas **le taon** (l'insecte) qui vous pique avec **le temps** (la durée) qui passe, même s'il ne vous en reste pas **tant** (la quantité) que cela !

C'est un verbe ?

- C'est très simple ! Écrivez -EN pour tous les verbes en -ENDRE : *appr**endre**, att**endre**, ent**endre**, v**endre**…* Il n'y a qu'une exception : *(r)ép**andre**.*

ASTUCE

Ayez le réflexe famille ! Écrivez -EN pour les mots formés avec le préfixe EN- : ***en**cercler, **en**tourer, **en**visager…* Ce préfixe, souvenez-vous, devient EM- devant M, B, P : ***em**bellir, **em**mener.* Écrivez aussi EN- pour les mots qui commencent par ENTRE- : ***entre**lacer, **entre**prendre…*

- Écrivez -AN quand le verbe se termine par -ANGER : *m**anger**, vend**anger**.* Il n'y a qu'une exception : *se v**enger**.*

C'est un adjectif ?

Il n'y a pas de règle et vous devrez consulter un dictionnaire. Voici toutefois quelques éléments pour vous aider :

- Écrivez -AN pour les adjectifs terminés par -ISANT : *sympath**isant**(e), traumat**isant**(e)…*
- Écrivez -EN pour les adjectifs terminés par -ESCENT : *adol**escent**(e), conval**escent**(e)…*

Cherchez le nom correspondant !

- Ce nom se termine par -ENCE ? Écrivez -EN pour l'adjectif : *l'innoc**ence** > une victime innoc**en**te.*
- Ce nom se termine par -ANCE ? Écrivez -AN pour l'adjectif : *la méfi**ance** > un homme méfi**ant**.*

Vous rencontrerez trois exceptions : *une exig**ence*** (nom) mais *un public exige**ant*** (adjectif) ; *l'exist**ence*** (nom), mais *les coloris exist**ants*** (adjectif) ; *une résid**ence*** (nom) mais *un membre résid**ant*** (adjectif).

- Votre adjectif vient d'un verbe ? Écrivez -ANT : *monter > la marée mont**ant**e, fuir > un regard fuy**ant**…*

*Adhér**ent*** ou *adhér**ant** ? Différ**ent*** ou *différ**ant** ?* Si vous hésitez entre EN et AN pour les mots qui viennent des verbes *adhérer, coïncider, converger, différer, diverger équivaloir, exceller, expédier, influer, négliger, précéder, présider, révérer, somnoler, violer…* vous devez vous demander si ce mot est un adjectif verbal terminé par -ENT ou un participe présent terminé par -ANT. Voici comment procéder :

- Vous pouvez le mettre au féminin ? C'est un adjectif donc **écrivez EN** : *une opinion différente donc un avis différ**ent**.*
- Vous ne pouvez pas le mettre au féminin ? C'est un participe présent donc **écrivez AN** *: Nos avis différ**ant**, il vaut mieux arrêter la discussion.* (Vous ne pouvez pas dire : *Nos opinions ~~différantes~~, il vaut mieux arrêter la discussion*).

Votre mot est d'une autre nature ?

Cherchez son orthographe dans le dictionnaire mais, rassurez-vous, peu de mots sont concernés et vous les connaissez probablement déjà ! C'est le cas de ***antan*** (autrefois), *aut**ant**, (aupar)av**ant**, (ce)pend**ant**, ens**em**ble, pourt**ant**…* Ce sont souvent des adverbes ; reportez-vous au chapitre 10.

Ne confondez pas ***sans***, ***s'en*** et **c'en** !

- Si vous pouvez retrouver un verbe à la forme pronominale (*se moquer, se préoccuper*), écrivez S'EN : *Ce chien, quand vont-ils **s'en** débarrasser ?* car c'est le verbe *se débarrasser.*
- Si vous exprimez le manque, l'absence, la privation, vous employez la préposition SANS : ***Sans** toi, je ne sais pas ce que je ferais.* (= en ton absence) *Ce gâteau **sans** farine est*

très léger. (= qui n'a pas de farine) Vous pouvez d'ailleurs supprimer *sans* et mettre la phrase à la forme négative : *Ce gâteau qui n'a pas de farine est très léger.*

- Si vous pouvez remplacer C' par « cela, cette chose », vous employez le pronom démonstratif C', écrivez C'EN : ***C'en** est trop, tu es puni !* (= cela en est trop)

Pour écrire le son « KAN » en un seul mot :

- Vous pouvez remplacer par « à quel moment » ou « lorsque » ? Écrivez QUAND : ***Quand** viendras-tu ?* (= à quel moment)
- Vous pouvez remplacer par « en ce qui concerne » ? Écrivez QUANT : ***Quant à** moi, j'arriverai jeudi.* (= en ce qui me concerne) Si vous avez encore un doute, sachez que QUANT est toujours suivi de À ou de AUX : ***Quant aux** filles, elles seront là vendredi.*
- Vous pouvez remplacer par « seulement » ? Écrivez QU'EN : *Vous ne règlerez **qu'en** partant.* (= seulement en partant)
- Vous pouvez encadrer par QUE… DE CELA ? Écrivez QU'EN : ***Qu'en** dis-tu ?* (= Que dis-tu de cela ?)
- Vous pouvez remplacer par « espace » ou « équipe » ? Écrivez CAMP : *Dans quel **camp*** (= équipe) *joues-tu ? C'est au-delà du **camp*** (= espace) *militaire.*

Bien écrire le son « IN »

Plus de dix possibilités s'offrent à vous ! IN, IM, AIN, EN pour les plus fréquentes, mais aussi AIM, EIM, EIN, YN et YM ! Pas de panique ! Voici quelques règles simples pour ne pas voir arriver la **fin** du repas alors que vous avez encore **faim** !

- Écrivez IN : *br**in**, chem**in**, f**in**, médec**in**, vacc**in**…*
  - En début de mot : *un **in**terne **in**quiet, un **in**dividu **in**solent.* Seule exception notable : l'adverbe ***ain**si.*
  - En fin de mot si vous entendez « INE » ou « IGNE » dans un mot de la même famille : *citad**ine*** donc *citad**in**, mal**igne*** donc *mal**in**.*

  Mais vous écrirez *un cop**ain** (une cop**ine**), un exam**en** (exam**iner**), un poul**ain** (une poul**in**ière)* et *un s**ein**g (s**ign**ature).*

Rappelez-vous que devant B, M ou P, vous écrirez -IM au lieu de -IN : *un t**im**bre, **imm**angeable, **imp**ortant.*

- Écrivez AIN
  - Si vous rencontrez AN prononcé « A-N » dans un mot de la même famille : *un m**an**uel* donc ***main****, une* ***pan****etière* donc *un* ***pain****, une v**an**ité* donc *en* ***vain***.
  - Si vous rencontrez AGN prononcé « ÈGNE » ou « AGNE » dans un mot de la même famille : *une **baign**oire* donc *un* ***bain****, un* ***gagn****ant* donc *un* ***gain***.

Deux expressions comportent le mot TRAIN mais vous ne les confondrez pas : *je suis **en train** de manger* (= à ce moment précis, je mange) mais *je manque d'**entrain*** (= je manque d'énergie, d'enthousiasme).

- Écrivez EN en fin de mot, après É, I ou Y : *un lyc**éen**, un magic**ien**, un do**yen***.
- Écrivez -EIN

  → Si vous entendez « É-N » dans un mot de la même famille : *la plé**n**itude* donc *pl**ein**, ré**n**al* donc *r**ein**, la séré**n**ité* donc *ser**ein***.

  → Pour un verbe se terminant par -EINDRE, et pour les mots de sa famille : ***peindre*** *> une **pein**ture ;* ***teindre*** *> une **tein**ture.*

  Mais vous orthographierez AIN : *cr**ain**dre, contr**ain**dre, pl**ain**dre* et leur famille.

  Et vous orthographierez IN les mots de la famille de *ceindre (**cin**trer, un **cin**tre)*, d'*éteindre (ext**in**cteur, ext**in**ction)* et de *teindre*.
- Écrivez AIM pour quelques mots dont *un d**aim**, un ess**aim**, la f**aim***.
- Écrivez EIM pour la ville de Reims.
- Écrivez YN pour quelques mots d'origine grecque comme *le lar**yn**x, un l**yn**x, un ornithor**yn**que, le phar**yn**x* et pour le verbe anglais *l**yn**cher.*
- Écrivez YM pour *la l**ym**phe, une n**ym**phe, l'Ol**ym**pe* et *le th**ym***.

On distingue mal à l'oral le son « IN » du son « UN » ; vous ne voudriez pourtant pas confondre *un beau **brin** de fille* avec *un beau **brun** !* Vous avez un doute ? Ayez encore le réflexe famille : si vous entendez « U-N » dans un mot de la même famille, écrivez « UN » : *auc**une*** donc *auc**un**, une peau br**une*** donc *un homme br**un***. Faites de même pour UM : *parf**um**er* donc *un parf**um***.

Chapitre 8

Du côté du féminin…

Dans ce chapitre :

- Connaître les principales terminaisons des noms féminins
- Orthographier les noms féminins terminés par le son « -TIÉ »/« -TÉ »
- Savoir former le féminin des noms et adjectifs réguliers
- Écrire sans erreur au féminin les noms et adjectifs qui changent de consonne ou de syllabe finale

Même si le E est la marque principale du féminin en français (*un cap,* mais *une cape*), de nombreux mots féminins se terminent autrement (*une émotion, une leçon*). Quand vous passez du masculin au féminin, que ce soit pour un nom, ou pour un adjectif à accorder, et que vous ajouterez un -E au masculin, vous devrez parfois prendre garde aux modifications orthographiques entraînées à la fin de ce mot. C'est ce que ce chapitre vous aide à faire.

Commençons par le cas le plus simple : le -E final

Majoritairement, les noms féminins se terminent par un E

Même si vous n'entendez pas ce E à l'oral, ne l'oubliez pas quand vous écrivez ! *Une rou**e**, une pouss**ée**, une raie, une aném**ie**, une battue.*

Voici pour vous aider ceux que vous pourrez rencontrer le plus fréquemment :

Terminaison	***Indice***	***Exemples***
-aie	*Noms de lieux plantés d'arbres ou de fleurs*	*une banane**raie**, une cerис**aie**, une rose**raie***
-ie	*Noms de qualités, d'états, de lieux, de sciences*	*la minu**tie**, une démocra**tie**, la géolog**ie***
-erie	*Noms de lieux, de commerces*	*une infirm**erie**, une boulang**erie***
-ée	*Noms d'actions, de contenus, de maladies*	*la travers**ée**, une pellet**ée**, une nuit**ée**, une diarrh**ée***
-oire	*Noms d'outils, d'objets, notamment*	*une pass**oire**, une bouill**oire**, une échappat**oire***
-ure	*Noms exprimant une action, un état, un ensemble*	*une signat**ure**, une mandat**ure**, une brûl**ure**, la voil**ure***
-elle		*une hirond**elle**, une passer**elle***
-ue		*une stat**ue**, une aven**ue***

Des irréductibles ne se plient pas à la règle… ils se passent du -E final malgré leur sonorité !

- Les mots qui se terminent en « -TÉ » ou en « -TIÉ » et désignent des noms de qualité ou d'idée abstraite : *la beauté, la liberté, la pitié, l'amitié.*

Pourquoi des mots comme *la dictée, la pâtée, la portée, la jetée, la montée* et ceux qui désignent un contenu comme *la brouettée, la pelletée*, gardent-ils leur -ÉE final ? Parce que, bien que se terminant par le son « TÉ », ils suivent la règle normale : ce ne sont pas des noms abstraits !

- Les mots féminins qui se terminent en « -EUR » s'écrivent également sans -E final : *la hauteur, la chaleur, la valeur.* Vous ne rencontrerez que deux exceptions : *l'heure* et *la demeure.*

- D'autres mots, peu nombreux
  - 1 mot terminé par le son « É » : *la clé* que vous pouvez aussi orthographier *la clef*.
  - 1 mot terminé par le son « È » : *la paix.*
  - 1 mot terminé par le son « OU » : *la toux.*
  - 1 mot terminé par le son « OTE » : *la dot.*
  - 6 mots terminés par le son « OI » : trois s'écrivent -OI : *une loi, une paroi, la foi,* et trois prennent un X *: une croix, une noix, une voix.*

  Voix ou *voie* ? Si vous chantez juste et clair, vous avez une bonne *voix*, mais vous serez sur une mauvaise *voie* (= chemin) si vous vous lancez dans le chant sans différencier le do du fa !

  - 4 mots terminés par le son « U » : *la glu, la tribu, la bru, la vertu.*
  - 5 mots terminés par le son « I » : *une brebis, une souris, une perdrix, une fourmi, une nuit.*
  - Quelques mots d'origine étrangère terminés par le son « A » : *une diva, la taïga, une véranda.*

Si vous voulez passer du masculin au féminin

Le cas le plus fréquent est le plus simple

- Ajoutez un E final, c'est la règle générale !
  - Pour la grande majorité des mots, noms comme adjectifs, vous n'avez là encore qu'à ajouter un E à la forme masculine : *un bourgeois → une bourgeoise, un vilain bavard → une vilaine bavarde.*

    Attention, le féminin ne s'entend pas toujours à l'oreille, veillez à ne pas l'oublier à l'écrit : *un ami → une amie, un ours → une ourse.*

BON À SAVOIR

Sachez que vous êtes désormais autorisé à féminiser les noms de titres ou de professions autrefois réservés aux hommes en y ajoutant un -E final : *une député**e**, une auteur**e**, une metteur**e** en scène, une professeur**e**.* Mais vous pouvez aussi simplement mettre un déterminant féminin devant le titre ou la profession pour les mettre au féminin : ***la** ministre de l'Éducation, **la** professeur de mathématiques.*

- Autre cas simple, pour ceux qui sont fâchés avec l'orthographe ! Les mots déjà terminés en -E au masculin ne changent pas au féminin : *un malade stationnaire → une malade stationnaire.*

- Ajoutez **un accent grave** en plus du E final pour les mots en -ER :

  *un boulanger → une boulang**è**re ; un camembert fermier → une pintade ferm**iè**re.*

  Vous ajouterez aussi un accent grave pour former le féminin de cette liste de mots se finissant en **-ET** : *(in) complet, secret, (in)discret, concret, désuet, inquiet, replet, un préfet* : *un message secret → une lettre secr**è**te ; un jeune préfet → une jeune préf**ète**.*

Dans d'autres cas, il vous faut faire attention à la transformation du mot.

Qu'il s'agisse d'un nom ou d'un adjectif, vous pouvez en effet avoir à :

- Doubler la consonne finale du masculin :
  - C'est un **N** ? Écrivez **deux N** au féminin !

    -ON : *un pâté bourguignon → une tourte bourguigno**nne**, un lion → une lio**nne**.*

    Mais ne doublez pas le N pour : *lapon → lapo**ne**, letton → letto**ne**, mormon → mormo**ne**, nippon → nippo**ne**.*

    -IEN : *un vaisseau martien → une fusée martie**nne**, un physicien → une physicie**nne**.*

    -EN : *un lycéen → une lycée**nne**, un député européen → une loi européе**nne**.*

    -AN : *un paysan → une pays**anne**.*

Mais ne doublez pas le N pour : *un faisan → une faisane, un sultan → une sultane, un partisan → une partisane, un persan → une persane, un courtisan → une courtisane.*

BON À SAVOIR

Les mots qui se terminent en -IN au masculin ne doublent pas le N au féminin : *un cousin → une cousi**ne**, un milieu marin → une algue mari**ne**.*

- C'est un **L** ? Écrivez **deux L** au féminin !

  -EL : *un sujet essentiel → une idée essenti**elle**, un criminel → une crimine**lle**.*

  Les autres mots finissant en -L suivent la règle générale : *un Espagnol → une Espagnol**e**, un gaz volatil → une substance volatil**e**,* sauf *gentil → genti**lle**, nul → nu**lle**, pareil → parei**lle**, vermeil → vermei**lle*** dont vous devrez doubler le L au féminin.

- C'est un **T** ? Écrivez **deux T** au féminin !

  -AT/OT au masculin : *un chat → une cha**tte**, sot → so**tte**, pâlot→ pâlo**tte**, vieillot → vieillo**tte**.*

  Pour les autres mots se terminant en -T au masculin, **vous suivrez la règle générale en ajoutant simplement un E** : *un lauréa**t** → une lauréat**e**, un cheveu pla**t** → une coiffure plat**e**, un discours idio**t** → une réponse idio**te**.*

- C'est un **S** ? Écrivez **deux S** au féminin !

  *Un métis → une méti**sse**, un service exprès → une visite expre**sse**.*

- **Modifier la syllabe finale** du masculin en ajoutant **une terminaison spécifique** au féminin :

  -ESSE : *un comte → une comt**esse**, un traître → une traîtr**esse**.*

  -INE : *un tsar → une tsar**ine**.*

  -IGNE *: un kyste bénin → une blessure béni**gne**.*

  Ne confondez pas les deux féminins de malin ! vous écrirez *une fille mal**ine*** (= rusée), mais *une tumeur mali**gne*** (= dangereuse pour la santé).

  -RICE : *un téléspectateur → une téléspectat**rice** ; un schéma directeur → une idée direct**rice**.*

  -EUSE : *un tricheur → une trich**euse** ; un chat peureux → une chatte peur**euse**.*

-ELLE : *un jumeau → une jum**elle** ; un beau soir → une **belle** soirée.*

Mou et *fou* deviennent *folle* et *molle* au féminin.

Les mots en **-UX** font leur féminin en **-USE** : *un époux → une épo**use**, un hasard malheureux → une circonstance malheur**euse**.*
Trois cas particuliers seulement existent : *ro**ux** → rou**sse**, do**ux** → dou**ce**, fa**ux** → fau**sse***, et une particularité : *vie**ux** → vie**ille**.*

- Changer la consonne finale :
  - -F ou -P devient -V : *un manteau neu**f** → une robe neu**v**e ; un lou**p** → une lou**v**e.*
  - -C devient -QUE : *un meeting publi**c** → une réunion publi**que**, un contrat caduc → une loi cadu**que**.*

  Grec garde le *-c* devant le *-que* au féminin : *la culture gre**cque**.*

  - -C ou -S devient -CH : *un rire fran**c** → une fran**che** rigolade ; un repas frai**s** → une boisson fraî**che**.*
- Ajouter une consonne :

  Vous devrez ajouter une consonne aux masculins suivants pour mettre au féminin : *favori → favori**t**e ; rigolo → rigolo**t**e ; andalou → andalou**s**e ; coi → coi**t**e.*

  Ne vous laissez pas piéger à l'écrit par la prononciation de certains adjectifs masculins semblables, à l'oreille, à des féminins.

  C'est le cas de *fol, bel, nouvel* et *vieil* qui remplacent respectivement *fou, beau, nouveau* et *vieux* quand ils se trouvent devant un nom masculin commençant par une voyelle ou un H muet : *un v**ieil** escroc* mais *une vieille commère ; un **bel** hidalgo* mais *une belle étrangère ; un **fol** espoir* mais *une folle espérance.*

N'oubliez pas les déterminants féminins !

- Quand vous passez du masculin au féminin, vous utilisez un déterminant féminin : *un commerçant → une commerçante, le vendeur → la vendeuse.* Mais il serait compliqué de prononcer deux voyelles à la suite : ~~la amie~~. Il faut donc écrire ***l'a**mie.*
- Quand le nom féminin commence par une voyelle, vous emploierez toujours le déterminant possessif *mon, son, ton*

(la même forme qu'au masculin) : ***mon** aventure* et non ~~*ma aventure*~~.

- Si vous employez les déterminants *leur* et *plusieurs* avec un nom féminin, n'oubliez pas qu'ils ne prennent pas de E : ***leur** affaire, **leurs** histoires, **plusieurs** choses.*

Chapitre 9

Comment former le pluriel des noms et adjectifs ?

Dans ce chapitre :

- Choisir entre -S et -X pour former le pluriel d'un nom ou d'un adjectif
- Savoir quels noms ou adjectifs sont invariables
- Accorder un mot composé

Lorsque vous employez un nom ou un adjectif au pluriel, vous pouvez vous demander s'il faut ajouter un -S ou un -X, ou si certains mots sont invariables. De plus, certains pluriels ne s'entendent pas à l'oral : il faut donc faire attention à l'écrit ! Voici quelques règles simples pour ne plus hésiter.

Une règle simple

Ajoutez un S au singulier d'un nom ou d'un adjectif pour former son pluriel :

- [masculin singulier] *le grand matou* → *les grand**s** matou**s*** [masculin pluriel]
- [féminin singulier] *la vieille fille* → *les vieille**s** fille**s*** [féminin pluriel]

Quand un mot se termine déjà par un -S au singulier, inutile d'en rajouter un ! *un avi**s** préci**s*** > *des avi**s** préci**s***.

ASTUCE

Vous voulez savoir si ce mot est employé au singulier ou au pluriel ? Aidez-vous de son déterminant : <u>un</u> *radis* = singulier ; <u>des</u> *radis* = pluriel.

Le saviez-vous ? Il existe un mot qui s'écrit de la même manière au singulier et au pluriel mais dont la prononciation change lorsque vous le mettez au pluriel. C'est le mot… *os !*

Conservez également le -Z final d'un mot au singulier pour former son pluriel : *des ne**z***.

Aidez-vous du sens pour accorder ou pas un nom complété par un autre nom

Lorsqu'un nom est suivi d'un autre nom, et qu'ils sont reliés par une préposition (*à, de, sans…*), interrogez-vous sur le sens de l'expression pour savoir si vous devez accorder le second nom :

*des histoires sans fi**n*** = sans AUCUNE fin, donc laissez le second nom au singulier ; *un groupe d'ami**s*** = de plusieurs amis, donc mettez un -S au second nom ; *les cités d'or* = en or donc laissez le second nom au singulier.

Les noms propres sont invariables

Des Cadillac, la Thénardier

- Vous pouvez toutefois utiliser le pluriel pour désigner un type (*Les Zlatans* = les très bons joueurs *ne courent pas les rues… ni les stades !*). Vous pouvez aussi l'employer pour une famille connue, une dynastie (*les Windsors*).
- Vous conserverez évidemment tels quels les mots qui n'existent qu'au pluriel, comme ceux de certains lieux (*les Alpes, les Seychelles*).

Les abréviations sont invariables

J'ai tant couru que j'ai dû perdre 2 kg !

- Si la dernière lettre du mot fait partie de l'abréviation, vous pouvez cependant ajouter un S : *M*^{mes} *(mesdames), M*^{elles} *(mesdemoiselles), N*^{os} *(numéros).*

- Si le mot est abrégé sous la forme de son initiale, vous pouvez la laisser ainsi ou la redoubler : *messieurs* → *MM. Pages* → *pp.*

Pour choisir entre -S ou -X, la taille du mot ne compte pas !

Vous devez conserver le X des mots qui en ont déjà un au singulier, qu'il s'agisse de noms (*croi**x**, pai**x**, perdri**x**…*) ou d'adjectifs (*courageu**x**, dou**x**, ennuyeu**x**, fameu**x**, fau**x**, orageu**x**…*).

Dans les autres cas, pour savoir si vous devez utiliser un X pour former le pluriel, regardez la fin des mots au singulier. Voici quand vous utiliserez le X :

- **Quand vous employez un mot qui se termine par -AU, -EAU, -EU, ou -ŒU :** *des noy**aux**, des b**eaux** j**eux**, mes meilleurs v**œux**.*

  Seules exceptions : *landau, sarrau, bleu, émeu, lieu, pneu* qui ont un pluriel en -S : *des land**aus** bl**eus**.*

*Des lieu**x*** = des endroits, mais *des lieu**s*** = des poissons.

*Des feu**x*** = des combustions, mais *feu**s*** = des gens défunts.

Trois noms ont deux pluriels :

- *ciel* > ***cieux*** mais employez ***ciels*** quand vous parlez de peinture, de météo, ou de *ciels de lit.*
- *œil* > ***yeux*** mais employez ***œils*** quand vous parlez *d'œils-de-bœuf, d'œils-de-perdrix.*
- *aïeul* > ***aïeuls*** pour parler des grands-parents mais employez ***aïeux*** pour parler d'ancêtres en général.

- **Quand vous employez un mot qui se termine par -AL**

  Le -AL devient -AUX au pluriel : *Ces chev**aux** sont tout à fait norm**aux**. En vacances, il lit les journ**aux** loc**aux**.*

  Vous conserverez cependant le -S pour les exceptions suivantes : les noms *bal, cal, carnaval, chacal, festival, final, pal, récital, régal* et les adjectifs *banal, bancal, fatal, natal, naval, tonal* : *Les b**als** qu'elle donne ne sont pas ban**als**.*

On rencontre enfin deux pluriels possibles -ALS ou -AUX pour certains mots : *idéal, austral, boréal, causal, cérémonial, étal, final, glacial, idéal, marial, pascal, tribal : les cérémoni**aux** / les cérémoni**als** d'un pays ; les idé**als** / les idé**aux** d'un parti.*

- **Quand vous employez quelques noms qui se terminent par -AIL :** *bail, corail, émail, soupirail, travail, ventail, vitrail : Les trav**aux** sur ces vitr**aux** sont terminés.*

*Des cor**aux*** = des animaux marins, mais *des cor**ails*** = la partie orange des coquilles Saint-Jacques.
*Des b**aux*** = engagements pour une location, mais dans les mots composés on emploie *bail**s*** : *des crédits-bails.*

- **Quand vous employez sept mots qui se terminent par -OU :** *bijou, caillou, chou, genou, hibou, joujou, pou : J'ai offert à mes petits ch**oux** de beaux jouj**oux**.*

Qu'en est-il du pluriel des mots empruntés au latin ou à d'autres langues ?

- Utilisez le S pour les mots d'origine étrangère qui sont devenus courants en français : *des alibi**s**, bungalow**s**, flipper**s**, sandwich**s**, penalty**s**, scénario**s**… Devant les trois penalty**s** du match, nous avons failli avaler nos sandwich**s** de travers !*
- Utilisez le pluriel d'origine pour quelques mots, qui viennent de langues où le -S n'est pas la marque du pluriel : *un desideratum/des desiderat**a**, une soprano/des sopran**i**, un maximum/des maxim**a**, un land/des länd**er**, un lied/des lied**er**, un leitmotiv/des leitmoti**ve**, un stimulus/des stimul**i**.*

Pour les mots les plus courants, vous avez le choix entre le pluriel de la langue d'origine et le pluriel français : *des camera**men**/des camera**mans**, des lad**ies**/des lad**ys**, des box**es**/des box.*

La réforme de l'orthographe vous autorise à ajouter un S pour le pluriel de tous ces mots d'origine étrangère (sauf lorsque plusieurs mots se suivent ou que vous faites une citation) : *Il y a plusieurs scénario**s** possibles : je viens chez toi, tu viens chez moi, on se retrouve à mi-chemin.*

- Quelques mots restent invariables :
  - Certains mots latins : *exeat, extra, interim, mea culpa, satisfecit*, et ceux qui désignent les prières catholiques (*des Te Deum*).
  - Des mots qui sont depuis peu dans la langue française : *les écoles zen.*
  - Des adjectifs qui appartiennent à la langue familière : *baba, cucu(l), olé olé, pop, sympa, riquiqui…*

Comment composer avec les mots composés ?

Si le mot composé ne comporte pas de trait d'union, formez simplement son pluriel comme pour n'importe quel nom, en plaçant la marque du pluriel à la fin : *des portefeuille**s**.*

S'il n'est pas en un seul mot, pour savoir quel(s) élément(s) du mot mettre au pluriel, vous devez regarder la nature de chacun des éléments qui le composent. Voici comment vous y prendre : si le mot est composé d'un verbe et d'un nom, regardez la partie « verbe » pour le premier, puis la partie « nom » pour le second.

- Le nom prend la marque du pluriel (*des wagon**s**-lit**s**, des chou**x**-fleur**s***) sauf dans les cas suivants :
  - Le nom n'a aucune raison d'être au pluriel ; fiez-vous au sens du mot composé quelle que soit la nature du mot qui le précède : *des pare-soleil* (qui protègent contre LE soleil), *des sans-abri* (qui n'ont pas UN abri), *des pur-sang* (qui ont LE sang pur)…
  - Le nom est relié au nom qui le précède par une préposition : *des arcs-en-ciel, des pommes de terre…* ou bien cette préposition est sous-entendue : *des timbres-poste* (= pour LA poste), *70 kilomètres-heure* (= en UNE heure).

ASTUCE

Pour ces deux cas de figure, si vous hésitez, essayez d'ajouter un déterminant singulier (LE, LA, UN, UNE) ; si c'est possible, laissez le second nom au singulier :

Un pare-brise = « qui protège contre LA brise » donc écrivez *des pare-brise.*

Un arc-en-ciel = « un arc dans LE ciel » donc écrivez *des arcs-en-ciel.*

- Le nom est le premier élément de mots composés anglais : *des co**w**-boys, des wee**k**-ends…*

Vous avez encore un doute ? Ayez le réflexe « dictionnaire » qui vous renseignera !

- L'adjectif ? Il prend la marque du pluriel !

  *des cerf**s**-volant**s**, des compte**s**-rendu**s*** (nom + adjectif), *des petit**s**-suisse**s**, des grand**s**-père**s*** (adjectif + nom), *des compétences sous-employée**s*** (préposition + adjectif), *des sourd**s**-muet**s*** (adjectif + adjectif)…

- L'adverbe, la préposition et le verbe sont toujours invariables : *des laissez-passer, des on-dit, des passe-partout…*

des arrière-pensées	*des serre-tête*
[adverbe + nom]	[verbe + nom]
des savoir-faire	*des entre-temps*
[verbe + verbe]	[préposition + nom]

Pour vous aider, sachez que lorsque le premier mot se termine par -O, -A, -É, -I (il peut être abrégé, d'origine grecque, *latine),* il est invariable : *les oligo-éléments, les ciné-clubs, des infra-rouges…*

BON À SAVOIR

Les mots composés de ***aide-*, *porte-* et *garde-*** ont deux fonctionnements, selon que *aide, porte et garde* sont considérés comme des verbes ou des noms. Voici comment procéder :

Si *aide-* et *garde-* désignent des personnes, ce sont des noms, accordez-les : *des aide**s**-cuisiniers, des garde**s**-malades.* Sinon, ce sont des verbes qui sont donc invariables : *des aide-mémoire, des garde-robes.*

Si *porte-* désigne une porte, accordez-le : *des porte**s**-fenêtres.* Sinon, c'est un verbe qui reste invariable : *des porte-cigarettes, des porte-bébés, des porte-parole…*

D'autres exemples pour bien suivre le raisonnement

- Un réveille-matin :
  - « réveille » est un verbe, il est invariable ;
  - « matin » est un nom ; on peut ajouter LE (« pour se réveiller LE matin »), donc on laisse *matin* au singulier.

  → ***Des réveille-matin.***
- Une œuvre avant-gardiste :
  - « avant » est une préposition, il est invariable.
  - « gardiste » est un adjectif, on le met au pluriel.

  → ***Des œuvres avant-gardistes.***
- Un coup d'œil :
  - « coup » est un nom, placé en premier, il prend la marque du pluriel.
  - « œil » est un nom, on peut ajouter LE (« on pose l'œil plusieurs fois ») donc on le laisse au singulier.

  → ***Des coups d'œil.***

RÉFORME DE 1990

Les règles sont simplifiées pour les noms composés avec trait d'union : ne cherchez plus à identifier un verbe, un nom, etc., mais mettez simplement **le second élément** au pluriel seulement et toujours lorsque le mot est au pluriel : *un compte-goutte, des compte-gouttes, un après-midi, des après-midis*… Quelques rares mots restent invariables, ils comportent un nom propre (*des prie-Dieu*) ou un article (*des trompe-la-mort*).

Chapitre 10

Les mots qui restent invariables

Dans ce chapitre :

- Savoir quels mots ne s'accordent jamais
- Savoir dans quels cas d'autres mots (l'adjectif, le nom, le pronom) ne s'accordent pas

Vous allez les adorer ! Certains mots sont invariables et leur orthographe ne change jamais ! Il vous faut toutefois bien les identifier ; c'est ce que ce chapitre vous aide à faire.

Les noms propres

Les noms propres sont invariables : *Préfères-tu les Peugeot ou les Renault ?*

Accordez seulement ceux que vous employez pour désigner un type (*Le monde actuel aurait bien besoin d'autres Mandelas !*), une famille (*les Bourbons*). Pour plus de précisions, reportez-vous au chapitre 9 !

Les adverbes, prépositions et conjonctions

Vous vous demandez comment reconnaître ces mots ?

- Vous employez très souvent les adverbes pour apporter une information supplémentaire sur un autre mot ou sur la phrase :

  Vos peintures sont ***très*** *joilies, mais je m'excuse* ***sincèrement****, je ne les achèterai pas* ***aujourd'hui****.*

- Quant aux conjonctions [de coordination ou de subordination] et aux prépositions, elles vous permettent d'organiser la phrase, de relier entre eux des éléments :

  Je prendrai un fromage ***et*** *un dessert,*

  [conjonction de coordination]

  parce que *j'ai une faim* ***de*** *loup !*

  [conjonction de subordination] [préposition]

  Qu'ils soient composés d'un ou de plusieurs mots, ils sont toujours invariables. Vous les utilisez pour exprimer :

  - Le temps

Adverbes exprimant le temps	Autres mots introduisant une indication de temps
aussitôt, bientôt, (ce)pendant, d'abord, déjà, désormais, dorénavant, encore, hier, jadis, jamais, longtemps, lors, maintenant, parfois, quelquefois, soudain, souvent, toujours, toutefois…	à mesure que, après (que), au moment où, aussitôt (que), avant (que), chaque fois que, dès (que), en attendant (que), jusque, pendant (que), quand, tandis que, tant que, une fois (que)…

  - Le lieu

Adverbes exprimant le lieu	Autres mots introduisant une indication de lieu
ailleurs, autour, dehors, derrière, dessous, dessus, devant, ici, loin, partout…	à, autour de, chez, dans, derrière, devant, entre, envers, jusque, par, parmi, près, sous, sur, vers…

Pour indiquer qu'on va dans un lieu :

Employez *chez* pour dire que vous allez voir une personne : *Vous irez* ***chez*** *le boucher, le voisin.*

Employez *à* pour dire que vous allez dans un lieu : *Vous irez donc* ***à*** *la boucherie.*

- La quantité et l'intensité

Adverbes exprimant la quantité, l'intensité	*Autres mots introduisant une indication de quantité, d'intensité*
assez, autant, beaucoup, davantage, environ, guère, mieux, peu, plus, tant, tellement, très, trop…	autant de/que, beaucoup de, moins de, peu de, plus de, tant que, tellement de/que…

Attention à ne pas confondre l'adverbe ***davantage*** avec le nom (précédé de son déterminant) ***d'avantage(s)*** : *Investis-toi* ***davantage*** (= plus) *dans ton travail si tu veux un meilleur salaire et plus* ***d'avantages*** = des choses intéressantes !

- La mise en relation de plusieurs éléments

Adverbes indiquant ce lien	*Autres mots reliant plusieurs éléments*
aussi, de plus, encore, en effet, néanmoins, premièrement, sinon, surtout, toutefois…	afin de/que, avec, car, de, donc, et, malgré, or, ou, pour, sans, sauf, tout d'abord…

BON À SAVOIR

Vous utilisez ***à*** ou ***de*** pour marquer l'appartenance :

Employez *de* devant un nom : C'est *le DVD* **de** *votre frère* (nom).

Employez *à* devant un pronom personnel : *Ce DVD reste* **à** *lui* (pronom personnel).

Vous n'emploierez jamais à avec ce sens devant un nom : ~~*le DVD à mon frère*~~.

- La manière : *ainsi, bien, calmement, distinctement, joliment, lentement, vite, vulgairement…*
- Ce que vous pensez : *certes, en effet, franchement, heureusement, peut-être, plutôt, sans doute, volontiers…*

ATTENTION !

De nombreux adverbes sont formés avec -MENT : *franchement, royalement…* Très souvent, ils sont construits sur le féminin d'un adjectif : *fau**sse*** > *fau**sse**ment.* Mais vous serez attentif à l'orthographe de quelques-uns, qui ne sont pas construits sur le féminin dont *gaiment, gentiment, poliment, vraiment.*

Les autres mots invariables

Les interjections et les onomatopées

Vous les employez souvent pour exprimer un sentiment, une attitude, évoquer un son : *ah ! aïe ! bah ! bof ! cocorico ! euh ! hé ! hélas ! hein ? hop ! hou ! hourrah ! hum ! oh ! ouf ! ouille ! peuh ! plouf ! pouah ! psitt ! splash ! vlan ! youpi ! zou ! zut !...*

Certains adjectifs employés comme adverbes

Vous employez parfois des adjectifs comme des adverbes ; vous ne devez pas les accorder : *Ils parlent* **fort**. *Ils portent* **beau**. C'est le cas le plus souvent de : *bas, bon, cher, clair, droit, dru, dur, faux, fort, haut, juste, mauvais, moderne, utile.*

ASTUCE

Si vous employez un adjectif comme adverbe, vous ne pouvez pas le mettre au féminin :

Ces gâteaux sentent **bon** *!* = adverbe qu'on n'accorde pas car on ne peut pas dire *Ces tartes sentent* ~~**bonnes**~~ *!*

Je salive devant ces **bons** *gâteaux !* = adjectif qu'on accorde car on peut dire *Je salive devant ces* **bonnes** *tartes.*

D'autres adjectifs ne s'accordent pas systématiquement : ce sont des adjectifs de couleur. C'est aussi le cas de mots d'origine étrangère, des éléments de mots composés ; si vous avez un doute, reportez-vous au chapitre 9.

Si vous avez à écrire *demi*, *mi* et *nu*, reportez-vous au chapitre 12.

Vous vous interrogez sur l'orthographe d'un nombre ? Lisez le chapitre 11 !

Certains noms

Vous n'accorderez pas le nom dans quelques rares cas : *des paquets **cadeau**, des yaourts **nature**, des tartes **maison**.* Pour vous y retrouver, sachez que le second élément, celui qui va rester invariable, sert de référence. Reformulez votre phrase pour y voir clair : « des paquets qui ressemblent à un cadeau », « des yaourts qui ont le parfum nature », « des tartes faites comme à la maison ».

Le cas du pronom LEUR

Les pronoms ne sont pas invariables, ils changent selon le genre et le nombre :

***Elles** pensent à leurs vacances, **lesquelles** ne sont pas encore payées.*

***Ils** pensent à leurs congés, **lesquels** ne sont pas encore payés.*

Toutefois vous n'accorderez jamais LEUR, que vous devrez distinguer du déterminant LEUR/LEURS. Voici comment procéder :

- LEUR remplace un nom commun au pluriel ? C'est un pronom, et même si la tentation est forte, il est invariable : *Mes enfants ? Je **leur** défends de grandir trop vite !*

  Vous pouvez le remplacer par *à eux, à elles : Je défends à eux de grandir trop vite.*

- Il précède un nom ? Accordez LEUR si ce nom est au pluriel :
  *Je te parle de **leur** bulletin ! Je te parle de **leurs** résultats.*
  [nom] [nom]

Chapitre 11

Des chiffres et des lettres… Comment écrire un nombre ?

Dans ce chapitre :

- Choisir entre les chiffres et les lettres
- Savoir quand mettre un trait d'union entre les différents mots
- Accorder ou non les mots qui composent un nombre

Lorsque vous en avez la possibilité, rien de plus simple, choisissez les **chiffres arabes** (1, 2, 3…) ! C'est le cas pour les dates, les heures (sauf *midi* et *minuit*), les numéros de page, d'immeuble ou les nombres importants : *La France compte 36 680 communes en 2014*. Le chiffre correspond à la lettre, le nombre est l'équivalent du mot. N'oubliez pas, pour être lisible, d'ajouter un espace tous les trois chiffres en partant de la droite (25 895 236).

Si vous écrivez les nombres en toutes lettres, quelques règles simples vous permettent de répondre aux deux questions que vous allez vous poser. Faut-il mettre un trait d'union ? Faut-il accorder ?

Le trait d'union

- Pour la partie d'un nombre inférieure à 100 :

  Employez ***et*** si vous voulez ajouter *un* aux noms de dizaine de 20 à 70, ou pour unir 11 à 60 : *À soixante* ***et*** *onze ans, il est toujours sur son trente* ***et*** *un.*

  Dans tous les autres cas, utilisez le trait d'union : *Il a vu trente-six chandelles !*

- Pour la partie d'un nombre supérieure à 100, juxtaposez les mots : *Tu ne vas pas me le dire quarante mille fois !*

Vous devez conserver le ***et*** quand il est employé, mais vous pouvez remplacer chaque espace par un trait d'union, même au-delà de 100 : *pour cent-mille-milliards de dollars…*

Dans certains pays francophones, on emploie *septante* (70) et *nonante* (90) (Belgique et Suisse), *huitante* ou *octante* (80) (Suisse) !

L'accord

Vous voulez compter ?

Dans ce cas, vous utilisez les déterminants numéraux cardinaux (*zéro, un, deux, trois…*) qui désignent en eux-mêmes une quantité : il n'est pas nécessaire de les accorder ! Ils sont donc **invariables**… sauf :

- UN qui peut se mettre au féminin : *J'ai mille et une choses à te raconter.*
- VINGT et CENT quand ils sont multipliés et qu'ils terminent le nombre : *À quatre-ving****t****-quatre ans, il a vu quatre-ving****ts*** *opéras. Cette maison a deux cen****ts*** *ou deux cen****t*** *cinquante ans.*
- MILLIER, MILLION, MILLIARD : *mille milliard****s*** *de mille sabords !*

Remarque : on employait autrefois *mil* et non *mille* dans les dates.

Il peut vous arriver d'employer les mots *zéro, un, vingt, cent* sans qu'ils vous servent à compter. Les règles sont alors différentes :

- N'accordez pas *vingt* et *cent* quand ils précisent une situation donnée : *page deux cent, les années quatre-vingt.*
- Accordez *un* et *zéro* quand ils sont employés comme noms : *les un**s** et les autres ; il a eu deux zéro**s** en une seule journée !*

Vous voulez classer, donner un rang ?

- Vous employez alors les numéraux ordinaux (*premier, deuxième, troisième…*) qui attribuent un numéro d'ordre : *il a fini en troisième position.* Rien de plus facile : **tous s'accordent** !
  - Les numéraux : *Ils disputent demain les seizième**s** de finale.*
  - Les noms : *deux douzaine**s** d'œufs, des centaine**s** de personnes.*
  - Les adjectifs aussi : *les premier**s** seront les dernier**s**, la premi**ère** page.*

  Si vous voulez les abréger, un signe suffit : *Elle vise la 5e place.*
- Les numéraux ordinaux qui désignent les parties d'un tout (*moitié, tiers, quart, dixième…*) s'accordent également : *Verse les trois quart**s** de la bouteille. J'ai lu sept dixième**s** de ces dossiers.*

Si vous devez écrire une fraction en lettres :

$$\frac{\text{numérateur}}{\text{dénominateur}}$$

Quand le numérateur est supérieur ou égal à 2, le dénominateur est au pluriel.

$\frac{1}{100}$ *un deux centième* $\frac{3}{200}$ *trois deux centième**s***

Demi ne permet pas d'exprimer un nombre à proprement parler, mais vous pouvez vous poser la question de son accord : il est invariable dans un mot composé *(une demi-*

heure, une demi-douzaine) et dans l'expression ***à demi*** : *elle est encore à demi endormie.*

Quant à ***et demi***, il est toujours singulier, vous ne l'accorderez qu'au féminin : *à quatre heures et demie.*

Les adjectifs utilisés pour marquer une multiplication (*quadruple, sextuple, centuple*…) ne servent pas à compter. Mais eux aussi portent en eux-mêmes l'idée de quantité et **restent au singulier** : *Si tu me donnes ces billets, je te les rendrai au centuple.*

Quid des chiffres romains ?

Employez-les pour les divisions des livres, la numérotation des siècles, des rois : *l'acte II de la pièce, le xxi*^{e} *siècle, Louis XIV*…

Pour écrire en chiffres romains, vous disposez de sept signes :

I	V	X	L	C	D	M
1	5	10	50	100	500	1000

Regardez le chiffre le plus grand ; si l'autre signe est à droite, procédez par addition. Si l'autre signe est à sa gauche, procédez par soustraction :

LII = 50 + 2 = 52

IX = 10 - 1 = 9

Si vous hésitez entre deux formes, évitez d'écrire plus de trois chiffres identiques côte à côte : *90 = XC* et non *LXXXX !*

Chapitre 12

S'accorder sur les accords (1)

Autour du Nom

Dans ce chapitre :

- Accorder les déterminants
- Accorder les adjectifs
- Accorder les adjectifs de couleur

En dehors du verbe, ce sont les déterminants et les adjectifs qu'il vous faut faire attention à accorder correctement dans vos écrits. Quand vous devez choisir entre masculin et féminin, on parle d'accord en genre, quand vous devez choisir entre singulier et pluriel, d'accord en nombre. Ce chapitre récapitule les différents cas de figure possibles et vous explique comment procéder.

Le nom : un centre de commandes

C'est le nom qui **commande l'accord** aux satellites qui gravitent autour de lui : les déterminants et les adjectifs. C'est donc de lui que vous devez partir pour effectuer le bon accord. Il ne faut pas vous fier uniquement à l'oreille, car **les accords ne s'entendent pas toujours à l'oral**.

Le principe pour ne pas commettre d'erreur est le suivant : commencez par repérer le nom, puis identifiez son genre et son nombre. Appliquez au(x) mot(s) qui dépend(ent) de lui,

les mêmes marques de genre et nombre. *J'ai eu affaire à de vrai**s** escroc**s** :* accordez *vrai**s*** avec *escroc**s*** au masculin pluriel
[adjectif] [nom]

Bon genre, mauvais genre : choisir le déterminant qui convient

Revoyons nos définitions ! On regroupe sous l'appellation « déterminants » les petits mots (qui parfois ne sont pas si petits) qui précèdent le nom, que vous connaissez sans doute sous les dénominations *articles, adjectifs possessifs, adjectifs démonstratifs, indéfinis*, etc. : *un/le/du/son/ce/chaque pain.*

- **Accordez le déterminant avec le nom**, ce qui ne pose pas de problème dans le cas de *un/une* ou de *le/la*. Mais soyez vigilant avec certains déterminants qui ont la même prononciation au masculin et au féminin, et parfois même au singulier et au pluriel :

  *Il a de tel**s** pouvoir**s** /de tel**les** qualité**s**. Quel**s** ennui**s**/ quel**les** complication**s** en perspective !*

Employez le déterminant masculin	***Employez le déterminant*** féminin
cet *industriel*	***cette*** *anecdote*
tel *père*	***telle*** *fille*
nul *homme*	***nulle*** *femme*
quel *caractère !*	***quelle*** *histoire !*

  Les déterminants numéraux sont invariables : *les sept nains.*

- **Mettez toujours au singulier :**
  - Les déterminants comme <u>*aucun, nul*</u> qui signalent l'absence ou la quantité zéro du nom (lui-même au singulier) qu'ils accompagnent : *Vous n'avez **aucune idée** de ses ronflements* (= zéro idée) ; *je n'en veux à **aucun prix*** (= je n'en veux pas).
  - Les déterminants exprimant l'idée de « un par un », comme CHAQUE : *La police a interrogé **chaque suspect** de l'affaire* ou l'idée de « un parmi d'autres »

comme TOUT : *La police a vérifié* ***tout indice*** *susceptible d'éclairer l'affaire.*

Si vous hésitez entre *tout* et *tous,* remplacez par *n'importe quel :* La police a vérifié n'importe quel indice et non tous les indices, donc écrivez *tout.*

Il peut arriver que vous ayez un doute sur le genre du nom (certains sont trompeurs), ayez alors le réflexe « dictionnaire » pour choisir la forme qui convient : ***un*** *petit* astérisque (nom masculin), mais ***une*** *acné prononcée* (nom féminin).

Pour accorder l'adjectif

Procédez comme pour le déterminant : identifiez le genre et le nombre du nom pour bien orthographier l'adjectif. Que l'adjectif soit à côté du nom ou séparé de lui par un verbe, c'est la même chose ! S'il y a un pronom à la place d'un nom, le fonctionnement est le même : *Elles sont exceptionn**elles** !*

Pour les adjectifs formés à partir de verbes, faites de même : *une belle endormi**e*** [participe passé employé comme adjectif], *des rires horripilant**s*** [adjectif verbal].

L'adjectif est placé à côté de son nom

Voici la démarche pour accorder *joli* dans deux exemples. Dans *Que [de joli**es** choses] à admirer dans ce village ! choses* est le nom dont dépend *jolies.* Comme *choses* est féminin, et qu'il y en a plusieurs, *joli**es*** prend les marques du féminin et du pluriel.

En revanche, vous écrirez : *Que de [joli**s** dessins] je vois sur ce cahier* ! car *dessins* est un nom masculin, ici au pluriel.

Dans ces deux exemples, attention au déterminant *de* : c'est le sens qui vous indique qu'il faut le pluriel.

L'adjectif est séparé de son nom

Pensez à « remonter » au début de la phrase pour trouver de quel nom/pronom dépend votre adjectif et faire le bon accord.

*Les souvenirs qui remontent à mon opération restent bien flou**s*** : *flous* s'accorde avec *souvenirs,* au masculin pluriel.

Un lot de crèmes à la vanille périmé : *périmé* s'accorde avec *lot* au masculin singulier, pas avec *vanille* ni *crèmes*.

Il y a plusieurs noms/pronoms pour le même adjectif

- Si les noms sont du même genre, gardez ce genre et ajoutez le pluriel : *Ma boulangère et ma crémière sont breton**nes***. [féminin+ pluriel]
- Si les noms sont de genres différents, mettez le masculin pluriel : *Il a des idées et des projets* ***originaux***.

Il y a plusieurs adjectifs pour un seul nom/pronom

Pas de problème : vous les accordez chacun en genre et en nombre avec ce nom/pronom : *des allées large**s** et imposante**s***.

ATTENTION !

Il peut arriver que deux adjectifs dépendent d'un nom au pluriel et qu'il faille les mettre tout de même au singulier, s'ils décomposent le nom en sous-unités plus précises : *J'ai invité mes grands-mères maternell**e** et paternell**e** à goûter.* Le groupe des grands-mères se compose d'une seule grand-mère maternelle et d'une seule grand-mère paternelle, mettez par conséquent ces adjectifs au singulier.

Quand ne devez-vous pas accorder ?

- Quand l'adjectif est **employé comme adverbe**, et que vous ne pouvez pas le mettre au féminin : *Ils parlent trop **fort***. Vous ne pouvez pas dire : *Elles parlent trop ~~fortes~~. Ils sautent très **haut***. Vous ne pouvez pas dire *Elles sautent très ~~hautes~~.*

  Laissez également l'adjectif au singulier dans *fin prêt*, *flambant neuf* et *nouveau-né* : *Les cadeaux sont **fin** prêts ; sa voiture est **flambant** neuve ; les **nouveau**-nés sont soignés au troisième étage.*

- Quand vous avez affaire à la forme **invariable** appelée *participe présent*, qui se termine en **-ANT**. Vous ne risquez de rencontrer cette situation qu'au masculin pluriel, car au féminin l'accord s'entend et est donc facilement repérable.

ASTUCE

Si vous pouvez insérer TRÈS devant le mot, c'est un **adjectif que vous devez accorder**. *Ils portaient des vêtements **criants***. Vous pouvez dire : *Ils portaient des vêtements **très criants*** : c'est l'adjectif verbal, qui s'accorde avec le nom dont il dépend. Vous pouvez mettre au féminin : *ils portaient des tenues criantes*.

Vous ne pouvez pas ? C'est **le participe présent, et il reste invariable**. *Ils sortirent de la salle, **criant** leur joie d'avoir réussi l'examen*. Vous ne pouvez pas dire : *Ils sortirent de la salle, ~~très~~ **criant** leur joie d'avoir réussi l'examen*, vous n'accordez pas *criant*. Vous ne pouvez pas non plus mettre au féminin : *elles sortirent de la salle, ~~criantes~~ leur joie…*

Soi-disant est toujours invariable : *une soi-disant experte en cinéma.*

Les adjectifs de couleur : des règles particulières

Les adjectifs de couleur ne vous en feront plus voir de toutes les couleurs, si vous suivez les conseils que voici :

- Accordez comme pour un adjectif classique, en genre et en nombre avec le nom, s'il n'y a qu'un **seul adjectif** de couleur : *des yeux* <u>*bleu***s**</u>, *des regard***s** <u>*noir***s**</u>.

  Ce sera pareil pour *rose, mauve, fauve, pourpre* et *écarlate.*

- **Ne faites aucun accord** si :
  - La couleur est exprimée par un mot **qui est aussi un nom** (de fruit, de plante, de métal, de pierre...) : *des chaussures* <u>*marron*</u>, l'adjectif reste invariable car la couleur vient de <u>*un*</u> *marron* ; *des écharpes* <u>*turquoise*</u> reste invariable car la couleur vient de la pierre <u>*la*</u> *turquoise.*
  - La couleur est exprimée à l'aide de **plusieurs adjectifs/mots** : *des nuances* <u>*bleu clair*</u> [deux mots pour désigner le bleu] ; *des cheveux* <u>*jaune paille foncé*</u> [trois mots pour désigner le jaune].
  - La couleur est décomposée en diverses nuances distinctes : *des drapeaux bleu, blanc et rouge.*

Accorder ou pas les adjectifs composés ?

Dans ce cas de figure, tout dépend du premier élément de l'adjectif, qu'il vous faut bien identifier pour orthographier correctement ses deux parties.

- Si les deux éléments sont des <u>adjectifs</u>, c'est simple, vous les accordez tous les deux : *des recettes sucr***ées***-sal***ées**.

- Vous n'accordez que le second élément et pas le premier, qui reste invariable si :
  - le premier élément est un <u>adverbe</u> : *une dame* ***bien**-pensante* ; *des compétences* ***sous**-développées ;*

- le premier élément est un mot abrégé : *des foyers **socio**-éducatif**s** ; les échanges **franco**-allemand**s** ;*
- le premier élément est un élément d'origine latine ou grecque (*super, hyper, mini, maxi, ultra, extra, néo, pseudo, archi…*) : *des shorts **extra**-large**s** ; des rayons **ultra**-violet**s** ; une ambiance **archi**-tendue.*

✔ De même, lorsque le premier élément de l'adjectif est demi, semi, mi, ou nu, vous ne devez pas l'accorder : *des matériaux **semi**-conducteur**s*** ; *des yeux **mi**-clo**s***.

Chapitre 13

S'accorder sur les accords (2) Autour du verbe

Dans ce chapitre :

- Identifier le sujet d'un verbe
- Accorder le verbe avec son sujet

Bien accorder un verbe avec son sujet permet de lever les ambiguïtés, surtout à l'écrit :

*Marc et Luc, qui jou**e** dans la cour, vont vouloir goûter.* (Seul Luc joue dans la cour)

*Marc et Luc, qui jou**ent** dans la cour, vont vouloir goûter.* (Marc et Luc jouent tous les deux dans la cour)

Lorsque vous employez un verbe, vous choisissez son temps et son mode. Il vous faut aussi l'accorder en personne et en nombre ! Pour cela, cherchez son sujet.

Bien identifier le sujet du verbe

- ✓ Le verbe varie en personne et en nombre.

	Nombre	
Personne	**Singulier**	**Pluriel**
1re	je *vais*	nous *allons*
2e	tu *vas*	vous *allez*
3e	il, elle, on *va*	ils, elles *vont*

Pour savoir quelle personne et quel nombre employer, **cherchez le sujet** du verbe. C'est très simple, il est juste devant lui dans l'immense majorité des cas ! *Je progresse en orthographe !*

Faites attention toutefois :

- Aux mots qui s'intercalent entre le sujet et le verbe : *Il nous parle.*
- Aux cas où le sujet n'est pas devant mais après le verbe : *Que veu**x**-tu ? Peut-être a**s**-tu raison.*

ASTUCE

En cas de doute, posez-vous la question « Qui est-ce qui + verbe ? » La réponse à votre question est le sujet !

Elle nous raconte toujours les mêmes histoires.

Qui est-ce qui raconte ? *Elle* → *elle* est le sujet de *raconte* qui est à la 3e personne du singulier.

- Vous employez **un temps composé** ? Accordez l'auxiliaire (le premier élément du verbe) en personne et en nombre avec le sujet :

  *Je **suis** enchanté,* *elles **ont** rêvé de moi.*

  [auxiliaire, 1re pers. du sing.][auxiliaire, 3e pers. du plu.]

  Pour savoir quand vous devez accorder le participe passé, reportez-vous au chapitre 14 !

- Vous hésitez entre ***c'est*** et ***ce sont***, ***c'était*** ou ***c'étaient ?***

  Choisissez le singulier, sauf si vous trouvez un nom pluriel après le verbe : *C'est vous qui le dites !* mais *Ce sont mes amis* (*amis* est un nom au pluriel donc on choisit *ce sont*).

  Sachez que l'oral ne suit pas toujours cette règle : *C'est 100 euros.*

N'accordez jamais certains verbes qui sont devenus des formules toutes faites : *vive, qu'importe, soit ! : **Vive** les mariés ! **Qu'importe** tes arguments, j'ai raison.*

C'est aussi le cas de ÊTRE dans *si ce n'**est**, **est**-ce, si ce n'**était**, ne **serait**-ce que : Écoute-moi, ne **serait**-ce que quelques minutes avant de décider !*

Et s'il y a plusieurs sujets ?

Dans le cas où il y a deux sujets singuliers (ou plus), mettez votre verbe au **pluriel** : *Ma sœur et mon frère **sont** toujours contre moi !*

Attention toutefois :

- Si les sujets sont reliés par OU : accordez au pluriel, sauf si c'est seulement un des deux sujets qui fait l'action :

  *Ma sœur ou mon frère te raconter**ont** ces anecdotes :* les deux pourront les raconter donc 3e personne du pluriel.

  *Ma sœur ou mon frère **a** mangé mon goûter :* l'un des deux seulement a mangé mon goûter donc 3e personne du singulier.

- Si les sujets sont reliés par NI : c'est la même chose !

  *Ni ma sœur ni mon frère n'**ont** reconnu ce vol* : les deux ont refusé de le reconnaître donc 3e personne du pluriel.

  *Ni Yann ni Clément n'**a** remporté la médaille d'or* : un seul peut la gagner donc 3e personne du singulier.

Lorsque plusieurs sujets se suivent et indiquent une progression, on préfère accorder le verbe seulement avec le dernier :

[Les voisins, la rue, le quartier, la ville entière]

sujets

***sera** bientôt au courant !*

Quelques cas délicats que vous résoudrez sans problème

Pour trouver la bonne personne !

- Votre sujet comporte des mots renvoyant à des **personnes différentes** ?
  - Soyez égoïste ! La 1re personne l'emporte toujours sur les autres : *Toi et moi* (= nous, 1re personne du pluriel) ***irons*** *ensemble chez Pierre pour le convaincre.*
  - S'il n'y a pas d'éléments de première personne, soyez poli, choisissez la 2e : *Ton frère et toi* (= vous, 2e personne du pluriel) ***aurez*** *beau argumenter, je ne changerai pas d'avis !*

ASTUCE

Vous hésitez encore ? Remplacez votre sujet par un pronom personnel : *mes amis et moi* (= nous) *ferons la fête samedi !*

Il y a un pronom de 1re personne ? → accordez comme avec NOUS		***Il y a un pronom de 2e personne ? → accordez comme avec VOUS***	
je + tu	nous + tu	tu + tu	
je + il	nous + il	tu + il	vous + il
je + vous	nous + vous	tu + vous	vous + vous
je + ils	nous + ils	tu + ils	vous + ils

- Votre sujet est QUI ? Il ne varie pas lorsqu'il est sujet, mais vous devez chercher ce qu'il remplace pour bien accorder le verbe :

  C'est moi <u>qui</u> ***ai*** *gagné : qui* est sujet, il remplace *moi* donc on accorde à la 1re personne du singulier.

Pour trouver le nombre parfait (singulier ou pluriel ?)

- Accordez avec le mot lui-même, non avec son sens
  - Vous pouvez hésiter lorsque le sujet d'un verbe a un sens pluriel mais que le mot qui le désigne est

singulier ; accordez dans ce cas votre sujet avec le mot lui-même, donc au singulier : Ma famille (= plusieurs personnes) ***est*** *très nombreuse.*

Attention ! Faites de même quand vous reprenez ce mot dans votre texte par un pronom : *La police* (= les policiers) ***est*** *efficace. Elle* ***est*** *arrivée rapidement sur les lieux du crime.*

- Faites de même avec ON : il peut remplacer NOUS, mais c'est bien un mot singulier : *Mes amis et moi, on aimer****ait*** *participer au concours.*
- Choisissez également le singulier quand plusieurs sujets sont résumés dans un même mot : *tout, rien, ce, nul : Son travail, son mariage, ses loisirs… rien ne l'intéress****e*** *en ce moment.*
- Accordez les verbes impersonnels avec leur sujet *il : Il y en* ***a*** *trois qui ont réussi. Il manqu****e*** *des informations pour finir cet article.*
- Enfin dans le cas d'une fraction, accordez le verbe avec le premier mot : *[Un tiers des habitants] s'oppose à ce projet, [les deux tiers] le soutienn****ent****.*

✔ Avec un déterminant qui exprime la quantité, accordez en fonction du sens

Le verbe sera au pluriel avec un sujet introduit par	***Le verbe sera au singulier avec un sujet introduit par***	***Le verbe sera soit au pluriel soit au singulier avec un sujet introduit par***
beaucoup de, bien des, la plupart de, quantité de, nombre de, moins de, assez de, une infinité de…	plus d'un, lequel, aucun	peu de

Suivez la même règle si ces mots seuls sont sujets : employez le pluriel ou le singulier en vous référant au tableau qui précède :

Beaucoup de + pluriel donc *beaucoup* + pluriel : *Beaucoup aur****aient*** *été surpris.*

Aucun de + singulier donc *aucun* + singulier : *Aucun ne s****ait*** *à quel point je suis peiné.*

Choisissez toujours le singulier :

- Si vous pouvez remplacer votre sujet par « un seul », « pas un seul » : *[Aucun de mes amis] (=pas un seul) n'**est** venu.*
- Si vous prenez les choses/personnes dont vous parlez une par une : *[Plus d'un] regrettera son attitude.*

- Si vous employez un nom qui exprime l'idée de groupe complété par un autre *(une foule de, l'ensemble de, la majorité de, une partie de, une poignée de, sa collection de, une centaine de)*, vous avez le choix :
  - Vous voulez insister sur l'idée d'un tout ? Optez pour le singulier qui donne une vision d'ensemble : *[La majorité des électeurs] **a** voté pour elle.*
  - Vous voulez insister sur le nombre ? Optez pour le pluriel : *[Une série de problèmes] l'**ont** forcé à fermer boutique.*

Chapitre 14

Pour dépasser les problèmes d'accord du participe passé !

Dans ce chapitre :

- Trouver le participe passé d'un verbe et savoir quand l'employer
- Accorder ou ne pas accorder le participe passé
- Identifier le mot avec lequel accorder le participe passé

Si vous avez lu le chapitre 13, vous êtes à présent incollable sur l'accord du verbe conjugué… Mais celui-ci comporte parfois plusieurs éléments : c'est le cas lorsque vous le conjuguez à un temps composé ou lorsque vous employez une tournure passive. Vous avez alors recours à un auxiliaire, ÊTRE ou AVOIR, et au participe passé du verbe que vous conjuguez :
j'ai réussi (verbe *réussir* au passé composé)
[ai = auxiliaire][réussi = participe passé]

mon gâteau est réussi (verbe *réussir* à la voix passive)
[est = auxiliaire][réussi = participe passé]

Malgré sa mauvaise réputation, l'accord du participe passé n'est pas si compliqué ! Voici quelques règles simples qui vous permettront de vous y retrouver.

Qu'est-ce qu'un participe passé ?

Le participe passé est le plus souvent le second élément du verbe.

*AIMER → j'ai **aimé** (passé composé) → je suis **aimé** (voix passive)*

*FINIR → j'avais **fini** (plus-que-parfait) → je suis **fini** (voix passive)*

Pour l'auxiliaire, vous devez faire attention à bien l'accorder en personne et en nombre avec son sujet, comme vous l'avez vu dans le chapitre 13.

Pour le participe passé, vous allez devoir choisir entre masculin et féminin, singulier et pluriel.

Avant de vous poser la question de son accord, vous devez savoir comment écrire la fin d'un participe passé !

- Les verbes en -ER ont un participe passé en -É : *aimer* > ***aimé**, copier* > ***copié**.*
- Les verbes en -IR du 2e groupe (pour les repérer, sachez qu'au présent, ils se terminent par *-issons* avec *nous : nous finissons*) ont un participe passé en -I : *finir* > ***fini**.*
- Pour les autres verbes, ils se terminent par -I, -U, -T, -S : *partir* > ***parti**, boire* > ***bu**, couvrir* > ***couvert**, écrire* > ***écrit**, inclure* > ***inclus**.*
- Le participe passé du verbe ÊTRE est ***été***. Quand vous employez le verbe ÊTRE à un temps composé ou au passif, utilisez l'auxiliaire AVOIR suivi de ce participe passé :
  *Hier j'ai **été** surpris par la douceur de l'air.*
  [auxiliaire AVOIR + participe passé de ÊTRE]

ASTUCE

Vous avez un doute ? Mettez le participe passé au féminin, vous entendrez la consonne finale s'il y en a une : *offert* > *les fleurs sont offer**tes** ; cueill**i** > les fleurs sont cueill**ies** ; pri**s** > elles ont été pri**ses** au piège.*

Les seules exceptions, *dissous/dissoute, absous/absoute,* disparaissent avec la réforme de 1990. Vous pouvez écrire *dissout/absout* !

Pour l'accorder, rien de plus simple !

- Pour mettre un participe au féminin, ajoutez E. Pour le mettre au pluriel, ajoutez S.
- Lorsqu'on n'accorde pas le participe passé, on le met au masculin singulier : *gagné, fini, offert, lu*...

Masculin singulier	Féminin singulier	Masculin pluriel	Féminin pluriel
aimé	*aimé**e***	*aimé**s***	*aimé**es***
*éblou**i***	*éblou**ie***	*éblou**is***	*éblou**ies***
*découver**t***	*découver**te***	*découver**ts***	*découver**tes***

À présent, voyons comment savoir s'il faut ou non accorder le participe passé...

Si le participe passé suit l'auxiliaire être

Rien de plus simple ! Accordez le participe passé avec le sujet du verbe. Pensez à une chose infaillible : l'auxiliaire ÊTRE correspond au signe = en mathématiques : vous devez donc trouver la même chose de chaque côté du signe !

- du masculin ou du féminin :
  il est parti — *elle est partie*
  Masc. = Masc. — Fém. = Fém.
- du singulier ou du pluriel :
  il est tombé — *ils sont tombé**s***
  Sing. = Sing. — Plu. = Plu.
- Le genre et le nombre se combinent :
  *tes tartes seront vite dévor**ées**.*
  Fém. Plu. = Fém. Plu.

Avec les verbes d'état *(sembler, paraître, devenir, rester, demeurer…)*, accordez également le participe passé avec le sujet.

Si votre participe passé est suivi d'un infinitif, rien ne change ! Accordez-le avec le sujet : *Irène et Isabelle sont allé**es** voir un spectacle.*

Si le participe passé suit l'auxiliaire avoir

Il faut alors vous mettre en quête d'un éventuel COD. Le complément d'objet direct (COD) est la réponse à la question « verbe + *qui ?* » ou « verbe + *quoi ?* » : *J'ai dévoré quoi ? [ce dessert]* COD.

- Vous n'en avez pas trouvé ? **N'accordez pas** le participe : *Ils ont ment**i**.*
- Vous en avez trouvé un ? Continuez l'enquête :
  - Si vous n'avez pas rencontré le COD avant d'écrire le participe passé, n'accordez pas celui-ci :

    *J'ai appréci**é** [tes chocolats]*COD.
  - Si vous l'avez rencontré avant d'écrire le participe passé, accordez ce dernier avec le COD :

    *Tes chocolats, je [les] ai appréci**és** !*
    [COD]

En français, on écrit de gauche à droite. Faites comme si vous découvriez la phrase : si, quand vous écrivez le participe, vous ne savez pas encore avec quoi l'accorder (car vous n'avez pas encore écrit le COD), ne l'accordez pas ! *J'ai aussi aimé ??? [tes confiseries].*

- Voici trois cas de figure pour lesquels vous **n'accorderez jamais** :
  - Avec EN, même si le participe passé précède le verbe : *Des erreurs, j'en ai fai**t** beaucoup !*
  - Avec un verbe impersonnel *(il a fallu, il avait neigé, il a plu,* etc.*) : Il y a **eu** de nombreux rebondissements dans cette histoire !*
  - Avec LE ou L' quand il reprend une proposition : *Qu'ils aient leur bac, on ne l'aurait jamais espér**é** !* (*l'* reprend *qu'ils aient leur bac*).

Si le participe passé est suivi d'un verbe à l'infinitif

- Vous écrivez **le participe passé de FAIRE** suivi d'un infinitif ? Il est **invariable**.

  *Ces manches trop longues, je les ai fai**t** raccourcir. Les gâteaux que je t'ai fai**t** faire.*

  Il est aussi invariable dans la conjugaison de *s'en faire, se faire fort, se faire jour, se faire mal, se faire face.*

- Vous écrivez **un autre participe passé** suivi d'un infinitif : *Les bêtises qu'il a pu raconter ! Les histoires que nous avons bien voulu croire.*

  Vous devez vous demander si le COD effectue l'action exprimée par le verbe à l'infinitif ; si c'est le cas, accordez le participe, sinon celui-ci est **invariable** :

  *Cette complication, il l'a senti**e** venir :* c'est la complication qui vient → on accorde *sentie.*

  *Cette étape, il a espér**é** la réussir :* ce n'est pas l'étape qui réussit → on n'accorde pas *espéré.*

  Les participes *dû, cru, pu, voulu* sont invariables quand *faire* est sous-entendu : *Je n'ai pas fait les progrès que j'aurais d**û** (faire).*

RÉFORME DE 1990

On pouvait par le passé accorder ou non le participe passé de LAISSER suivi d'un infinitif : *Les valises, je les ai laiss**é**/laiss**ées** porter à mon frère.* Avec la réforme, le participe passé reste invariable pour se comporter comme avec FAIRE : *Mes bagages, je les ai laiss**é** porter.*

Si vous employez un verbe à la forme pronominale

Un verbe à la forme pronominale est un verbe qui comporte un pronom personnel supplémentaire : *je **me** suis lavé, tu t'étais évanoui, il **se** serait caché*... Pour savoir si vous devez accorder le participe passé, vous devrez vous demander si ce verbe a un sens passif (*se vendre*), s'il ne s'emploie qu'à la forme pronominale (*s'évanouir*), ou s'il vous arrive de le rencontrer sans ce pronom supplémentaire (*se coiffer* mais aussi *coiffer quelqu'un*).

- Ce verbe n'existe qu'à la forme pronominale ou a un sens passif ?

  Il se conjugue alors avec l'auxiliaire ÊTRE et vous devez accorder le participe passé avec le sujet : *Mes souvenirs* [masc. plu.] *se sont envol**és***. [masc. plu.]

  - C'est le cas pour : *se souvenir, se préoccuper (de), se fier (à), se méfier (de), se moquer (de), s'absenter, s'efforcer (de), s'enfuir, s'emparer (de)…*
  - C'est aussi le cas d'expressions comme *se voir, se traduire, s'utiliser…* qui ont un sens passif : *Ces tablettes se sont vend**ues** comme des petits pains.*

N'accordez jamais le participe de *se rendre compte* : *Elles se sont rend**u** compte de leur erreur.*

- Ce verbe peut s'employer à la forme pronominale ***(se coucher)*** ou non ***(coucher quelqu'un/quelque chose)*** *?*

  - Si vous pouvez remplacer le pronom supplémentaire par *moi, toi, soi, eux, elles…* Accordez le participe avec **le sujet** :
    Elles [sujet] ***se*** *sont assis**es** rapidement* (= elles ont assis *elles*).
  - Si vous pouvez remplacer le pronom par *à moi, à toi, à lui, à eux…*

    N'accordez jamais le participe passé : *Ils se sont téléphoné hier pour en parler.* (= ils ont téléphoné *à eux*).

    Cependant si le verbe a un autre complément (un COD), faites comme si ce n'était pas un verbe pronominal :

    *Ils se sont offer**t** une virée en Espagne* (le COD, *une virée en Espagne,* est après le verbe donc pas d'accord).

    Mais : *Cette virée en Espagne, ils se la sont offert**e** !* (quand on écrit *offerte,* on a déjà rencontré le COD donc on accorde le participe passé avec le COD).

S'arroger ne se rencontre qu'à la forme pronominale, mais il se comporte de la même façon : *Ils se sont arrog**é** ces droits.* Mais *Ces droits, ils se les sont arrog**és***.

Si vous employez un participe passé sans auxiliaire, comme un adjectif

C'est simple comme bonjour : il s'accorde en genre et en nombre avec le nom ! *des enfant**s** gât**és**, la récompense offert**e**...*

Surveillez la place de certaines formules toutes faites : *ci-joint, ci-inclus vu, passé, étant donné, étant entendu, excepté, compris, attendu, mis à part, non compris, y compris.* Placées devant un nom, elles sont invariables, placées après un nom, elles s'accordent avec lui :

Ci-joint les chèques pour nos réservations mais
[avant, inv.] nom
*Les chèques ci-joint**s** pour nos réservations.*
nom [après, accord]

Chapitre 15

Comment écrire un son à la fin d'un verbe ?

Dans ce chapitre :

- Bien écrire le son « I » à la fin d'un verbe
- Bien écrire le son « U » à la fin d'un verbe
- Bien écrire le son « È » ou « É » à la fin d'un verbe

Vous pouvez hésiter sur la façon d'écrire la fin d'un verbe. En français, la difficulté réside dans le fait que ce sont souvent les mêmes sonorités qui sont employées pour des temps, des personnes, des formes distincts. Un même son peut donc correspondre à plusieurs orthographes différentes. Si la terminaison des verbes est pour vous un casse-tête, vous allez y voir plus clair à la lecture de ce chapitre.

Si vous entendez le son « I » à la fin d'un verbe

Pour savoir comment écrire le son « I », vous devez vous demander si vous avez affaire à un participe passé ou à un verbe conjugué.

- C'est le second élément d'un verbe à un temps composé ou c'est un mot qui se comporte comme un adjectif ?

  Il s'agit d'un **participe passé**. *Un souvenir a surgi de l'enfance ; un souvenir surgi de l'enfance l'obsède.*

Vous pouvez le mettre à une autre personne ? *Un souvenir surgit alors > des souvenirs surgirent alors.*

Il s'agit d'un **verbe conjugué**.

Si c'est un participe passé, vous avez le choix entre -I, -IS et -IT

- Écrivez -I pour la majorité des participes provenant de verbes dont l'infinitif se termine en -IR : *gravir* → *gravi* ; *réagir* → *réagi* ; *punir* → *puni*.
- Écrivez **-IS**, même au singulier, pour ***mettre***, ***prendre*** et ***seoir*** et leurs composés ***permettre, apprendre, asseoir***…, ainsi que pour ceux de ***quérir : acquérir, conquérir, requérir, s'enquérir***. *Surprendre* → *surpris* ; *asseoir* → *assis* ; *acquérir* → *acquis*.

  Vous devrez également orthographier -IS la fin des participes de deux autres verbes plus rares : *circoncire* → *circoncis* ; *occire* (= tuer) → *occis*.
- Écrivez **-IT** si votre participe est celui d'un verbe dont l'infinitif se prononce « IR » **mais s'écrit -IRE** : *produire* → *produit* ; *écrire* → *écrit*.

Le **féminin** vous sauve !

Mettez votre participe passé au féminin pour repérer la présence ou non d'une consonne finale : *omis* car on dit *omise* ; *contredit* car on dit *contredite* ; mais vous mettrez un simple -I à *guéri* car *guérie* : ~~*guérite*~~ *ou* ~~*guérise*~~ sont impossibles.

Il y a d'inévitables exceptions, mais, rassurez-vous, elles sont peu nombreuses : écrivez -I pour les participes passés des verbes *rire, sourire, suffire : ri, souri, suffi* ainsi que *nuire, luire, reluire : nui, lui, relui*.

Dans tous les cas, pensez à accorder votre participe passé si nécessaire : *des moyens bien répartis* ; *quelles terribles épreuves elle a subies !* N'hésitez pas à consulter le chapitre 14 en cas d'hésitation !

Si c'est un verbe conjugué

- Pour les verbes dont l'infinitif est -IER
  - Votre sujet est à la 1re ou 3e personne du singulier [du présent de l'indicatif ou du subjonctif] ?

Écrivez **-IE** : *je cop**ie**, on appréc**ie*** ; *qu'il étud**ie** donc le dossier !*

- Votre sujet est à la 2e personne du singulier [du présent de l'indicatif ou du subjonctif] ?

  Écrivez **-IES** : *tu vérif**ies** ; il faut que tu rapatr**ies** tes affaires.*

- Votre sujet est à la 3e personne du pluriel ?

  Écrivez **-IENT** : *ils oubl**ient**.*

✔ Pour les autres verbes :

- Votre sujet est à la 1re ou 2e personne du singulier [du présent ou du passé simple] ? Écrivez **-IS** : *je sédu**is**, je séduis**is**, tu sent**is**, je v**is**.*

- Votre sujet est à la 3e personne du présent ou du passé simple ?

Écrivez **-IT** : *il bât**it**, il condu**it**, il conduis**it**, il s'enfu**it**.*

Surveillez les transfuges ! Vous orthographierez aussi les verbes du 3e groupe *rire, sourire, fuir* et *(s') enfuir* avec les terminaisons -IE, -IES, -IENT si vous les employez au subjonctif présent : *il est possible qu'il s'enfu**ie** ; il ne faut absolument pas que je r**ie**.*

Un bon moyen pour vous aider à repérer ce cas de figure est de remplacer le verbe par *aille/ailles/aillent*. Si cela fonctionne, c'est bien qu'il faut orthographier ainsi. Vous pouvez dire *il est possible qu'il s'en aille*, donc écrivez *s'enfuie*.

Quand le verbe se termine par le son « U »

Suivez le même raisonnement que quand le verbe se termine par le son « I » pour savoir si vous avez affaire à un participe passé ou à un verbe conjugué.

✔ Si c'est un **participe passé**

Écrivez **-U** : *él**u**, ven**u**, perd**u***, sans oublier d'accorder si nécessaire : *des candidates él**ues** ; une clef a été perd**ue**, ils sont ven**us**.*

- Si c'est un **verbe conjugué** :
  - L'infinitif de votre verbe se termine en **-ER** ?

    - Votre sujet est à la 1re ou 3e personne du singulier [au présent de l'indicatif ou du subjonctif, ainsi qu'à l'impératif] ?

    Écrivez **-UE** : *je s**ue**, il p**ue** ; je crains qu'on ne r**ue** dans les brancards ; sal**ue** poliment la dame !*

    - Votre sujet est à la 2e personne du singulier [au présent de l'indicatif ou du subjonctif] ? Écrivez **-UES** : *tu dil**ues** ; elle ne veut pas que tu étern**ues**.*

    - Votre sujet est à la 3e personne du pluriel [au présent de l'indicatif ou du subjonctif] ? Écrivez **-UENT** : *elles rem**uent** ; il faut qu'ils éval**uent** la situation.*

  - **L'infinitif de votre verbe ne se termine pas par -ER ?**

    - Votre sujet est à la 1re ou 2e personne du singulier [au présent de l'indicatif et à l'impératif] ?

    Écrivez **-US** pour les verbes *conclure, exclure, inclure* : *j'incl**us**, tu excl**us**, concl**us** !* et pour les autres verbes [au passé simple de l'indicatif] : *je b**us**, tu reç**us**.*

    - Votre sujet est à la 3e personne du singulier [au présent de l'indicatif] ?

    Écrivez -UT pour les verbes *conclure, exclure, inclure* : *il incl**ut**, il excl**ut**.*

    Ce sont les mêmes terminaisons que vous emploierez pour les verbes qui font leur passé simple en -U : *il fall**ut**, il f**ut**, on aperç**ut**.*

    - Le passé simple et le participe passé de *avoir* se prononcent « U » mais s'écrivent *j'**eus**, tu **eus**, il **eut**, il a **eu**(e)(s).*

ATTENTION !

Méfiez-vous des traîtres !

Écrivez toujours -UENT pour la 3e personne du pluriel des verbes ***exclure, conclure, inclure*** : *elles concl**uent** leur exposé ; les autorités excl**uent** toute négociation avec les ravisseurs.*

Mais vous orthographierez -UE, UES leur terminaison au présent du subjonctif : *le patron souhaite que tu concl**ues** cette affaire.*

Pour vous aider à repérer ce cas de figure, remplacez par *prenne/prennes*. Si cela fonctionne, c'est que vous devez orthographier ainsi.

Quand le verbe se termine par le son « É » ou « È »

La tendance actuelle est à prononcer toutes les finales « È », même si ces terminaisons correspondent à l'écrit à des orthographes différentes et que les accents régionaux font que l'on prononce diversement ces sonorités ! Raison de plus pour ne pas se fier uniquement à la prononciation !

Le verbe ne comporte qu'une seule syllabe ?

Il vous suffit de recourir au sens et de vous demander si vous avez affaire au verbe/auxiliaire *être* ou *avoir*. Un bon moyen pour avoir la réponse : mettez le verbe à l'infinitif !

- *Elle est persuadée qu'elle … irrésistible*. C'est ***être** irrésistible*, vous éliminez donc une forme appartenant au verbe/ auxiliaire *avoir*.

- *Il se peut que son avion … du retard*. Il s'agit de l'expression ***avoir** du retard*. Vous savez que vous devez utiliser une forme de la conjugaison de *avoir*.

Un autre moyen infaillible pour savoir quelle orthographe adopter : remplacez par *étais/était* ; si la phrase fonctionne, vous êtes sûr qu'il s'agit d'***être*** ! *La voisine <u>était</u> encore venue frapper à la porte cette nuit.*

Une fois le verbe trouvé, quelle forme choisir ?

- **Pour ÊTRE, c'est simple ! *Es*** ou ***Est*** sont **les deux seules possibilités qui existent**.
  - Le sujet est **TU** ?

    Écrivez **ES** : ***Es**-tu venu pendant mon absence ?*
  - Le sujet est ***il***, ***elle***, ***on***, un pronom de 3e personne comme ***chacun***, ***c'***, ***cela***, ***personne***, ***quelqu'un***,

qui, etc., ou un mot/groupe de mots remplaçable par ***il*** ou ***elle*** ?

Écrivez **EST** : *La voisine du dessus* ***est*** *encore venue frapper à la porte cette nuit*

= *elle* ***est*** *encore venue frapper*

ou = *on* ***est*** *encore venu frapper à la porte cette nuit*

ou = *je pense avoir entendu quelqu'un qui* ***est*** *venu frapper à la porte cette nuit.*

- Pour **AVOIR**, plusieurs cas de figure s'offrent à vous.

  - Comment choisir entre ***j'ai*** et ***j'aie*** ?

    1. Je crois que ***j'ai*** *oublié mon portable au restaurant.*

    2. Il se peut que ***j'aie*** *oublié mon portable au restaurant.*

    - Vous écrirez j'ai [présent de l'indicatif, 1re personne du singulier] pour affirmer un fait, c'est le cas de la phrase numéro 1.

    Le test pour vérifier : si vous pouvez remplacer par **tu as**, écrivez **j'ai** : → *Je crois que* ***tu as*** *oublié ton portable au restaurant.*

    - Vous écrirez **j'aie** [présent du subjonctif, 1re personne du singulier] pour un fait simplement envisagé, ou redouté. C'est le cas de la phrase numéro 2.

    Le test pour vérifier : utilisez le pluriel ! Si vous pouvez remplacer par **nous ayons**, écrivez **j'aie** : → *Il se peut que* ***nous ayons*** *oublié notre portable au restaurant.*

    Si le test est négatif, écrivez **j'ai**.

ATTENTION !

Aie peut également être l'impératif d'*avoir* à la 2e personne du singulier. ***Aie*** *confiance en ta bonne étoile !* Dans ce cas, pas de souci ! le test de remplacement par **ayons** fonctionne de la même façon : ***Ayons*** *confiance en nos capacités !*

  - Comment choisir entre ***tu aies, il ait, ils aient ?***

    Vous aurez à utiliser souvent ces formes du verbe/auxiliaire *avoir* au subjonctif présent après un verbe d'opinion, de volonté ou de sentiment suivi de *que* comme *douter que, craindre que, vouloir que, souhaiter que*, etc., ou après *il faut que, sans que, bien que, quoique, etc.*

Le test pour vérifier : mettez au pluriel ! Si vous pouvez remplacer par nous **ayons**, écrivez, selon le sujet, **aies**, **ait**, **aient**.

*J'exige que **tu aies** une tenue correcte à mon anniversaire.→ J'exige que **nous ayons** une tenue correcte.*

*Regrettes-tu qu'**il ait** fait faire ce travail par Rodolphe ? → Regrettes-tu que **nous ayons** fait faire ce travail par Rodolphe ?*

*Bien que mes frères **aient** de l'argent de poche, ils se plaignent sans cesse de n'avoir pas un sou. → Bien que **nous ayons** de l'argent de poche, nous nous plaignons sans cesse de n'avoir pas un sou.*

Quand vous cherchez la terminaison en « È » ou « É » d'un verbe plus long

Différentes terminaisons de verbes peuvent comporter le son « **È** » ou « **É** ». Si vos souvenirs de conjugaison sont lointains, voici quelques rappels.

- Le son « **È** » ne peut être orthographié que **-AIS** [1re et 2e personnes du singulier] **-AIT** [3e personne du singulier] **-AIENT** [3e personne du pluriel] à l'imparfait de l'indicatif et au conditionnel.
  - Vous reconnaîtrez l'imparfait, temps du passé, si vous pouvez faire précéder votre verbe d'*autrefois* : *[Autrefois] on étouff**ait** dans les ascenseurs.*
  - Vous serez sûr du conditionnel si votre verbe exprime un fait possible, voire incertain : *Je vous ser**ais** reconnaissant de bien vouloir me répondre au plus vite* ou une action à venir : *J'étais sûre qu'ils regretter**aient** ces paroles.*
- Vous devez écrire **-AI** quand vous employez la 1re personne :
  - Au futur pour tous les verbes : *Je te préviendr**ai** dès que je le saur**ai**.*
  - Au passé simple des verbes du 1er groupe, qui font leur infinitif en **-ER** : *Tout à coup je gliss**ai** dans un sommeil profond.*

Comment ne pas confondre les temps ?

Évitez les confusions entre passé simple et imparfait : *je mange**ai*** [passé simple]/*je mange**ais*** [imparfait] en remplaçant *je* par *il*. Le passé simple devient *il mangea* et l'imparfait *il mangeait*. Vous écrirez *je termin**ais** mes valises quand le taxi arriva* car le remplacement par *il* [*terminait ses valises quand le taxi arriva*] donne une phrase correcte. En revanche, vous écrirez *je termin**ai** mes valises à l'heure prévue* car la substitution donne *il termin**a*** et non ~~*il terminait*~~ [*ses valises à l'heure prévue*].

Vous ne confondrez pas futur et conditionnel *je survivr**ai*** [futur]/*je survivr**ais*** [conditionnel] en remplaçant *je* par *nous*. Le futur devient *il survivra* et le conditionnel *il survivrait*. Vous écrirez : *lundi, j'arrive**rai** à Rio vers 21 heures* car le remplacement par *il arrivera à Rio vers 21 heures* donne une phrase correcte. En revanche, vous écrirez *je pensais que j'arrive**rais** à Rio vers 21 heures* car la substitution donne *je pensais qu'il arriverait* et non ~~*qu'il arrivera*~~ *à Rio vers 21 heures*.

- Pour le son « **É** »
  - Le sujet est **VOUS** ? À n'importe quel temps ou mode, écrivez **-EZ** : *Vous auri**ez** dû* ; *croy**ez**-vous ? Vous le paier**ez** !*
  - Que faire si ce n'est pas **-EZ** et que vous ne savez pas si vous devez mettre **-É** ou **-ER** ?

  Si vous pouvez remplacer votre verbe par un autre du 3e groupe comme *prendre*, écrivez **-ER** : *La nounou pense pouvoir garder les jumeaux mercredi = la nounou pense pouvoir prendre les jumeaux mercredi.*

  Si cela ne fonctionne pas, orthographiez **-É (E) (S)**, en vous reportant au chapitre 14 pour l'accord du participe passé.

Chapitre 16

Dix erreurs à éviter : un, deux ou trois mots ?

Dans ce chapitre :

- Écrire en un seul ou plusieurs mots ?
- Savoir écrire correctement des mots qui se prononcent de la même façon

À l'oral, on n'entend pas forcément la séparation entre les mots. Ce chapitre vous aide à savoir où couper, et vous donne quelques astuces pour savoir comment écrire ces mots !

Savoir écrire les sons « MA », « TA », « MON » et « TON »

Les sons « MA » et « TA »

- En un seul mot

  Quand vous employez MA ou TA, vous indiquez un lien, une appartenance. Vous pouvez alors remplacer l'ensemble par « la mienne, la tienne » : *Partirons-nous avec **ma** voiture ?* (= avec la mienne) *Ou préfères-tu prendre **ta** moto ?* (= la tienne) Vous hésitez encore ? Remplacez par ***la*** ou ***cette*** *:* ***cette*** *moto/**la** moto.*

- En deux mots

  Quand vous employez M'A ou T'A, vous conjuguez le verbe AVOIR à la 3e personne du singulier du présent de l'indicatif. Vous pouvez alors le remplacer par « avait » : *Il **m'a** impressionné !* (= il m'avait impressionné) *Il **t'a** convaincu de l'aider ?* (= il t'avait convaincu)

  Si vous employez la 2e personne du même verbe, n'oubliez pas le -S : *Comme tu **m'as** rappelé à temps, j'ai pu être à l'heure au match.*

BON À SAVOIR

Écrivez L'A en deux mots quand vous employez le verbe AVOIR à la 3e personne du singulier du présent : *Marc ? Nadia **l'a** aperçu ce matin.* (= Nadia l'avait aperçu)

Les sons « MON » et « TON »

- En un seul mot

  Quand vous employez MON ou TON, vous indiquez un lien, une appartenance. Vous pouvez alors le remplacer par « le mien, le tien » : *Partirons-nous avec **mon** véhicule ?* (= avec le mien) *Ou préfères-tu prendre **ton** camion ?*
  (= le tien) Vous hésitez encore ? Remplacez par ***le*** ou ***ce*** : ***le** camion/**ce** camion.*

- En deux mots

  Quand vous écrivez M'ONT ou T'ONT, vous employez le verbe AVOIR à la 3e personne du pluriel du présent ONT. Vous pouvez les remplacer par « avaient ».

  - *Prends l'argent dans **mon** porte-monnaie* (= le mien) *; il en reste même si les enfants **m'ont** déjà un peu rançonné.* (= m'avaient)

  - *J'emprunte **ton** vélo* (= le tien) *; d'ailleurs les parents **t'ont** prévenu que tu devrais le partager avec moi.* (= t'avaient)

ATTENTION !

Vous ne confondrez pas non plus le verbe ÊTRE à la 3e personne du pluriel du présent SONT (que vous pouvez remplacer par « étaient »), avec le possessif SON : ***Son** parcours* (= le sien) *est exemplaire ; ses parents en **sont** très fiers !* (= ils en étaient très fiers)

Combien de mots vous faut-il si vous voulez écrire le son « KEL » ? Choisir entre QU'ELLE et QUEL, QUELS, QUELLE ou QUELLES

- En un seul mot

  QUEL, QUELS, QUELLE et QUELLES accompagnent un nom et s'accordent avec celui-ci. Vous l'employez :

  - Pour poser une question sur le nom :

Quel *est ton* *nom ?*	***Quelle*** *heure est-il ?*
[nom masculin singulier]	[nom féminin singulier]
Quels *sont tes impératifs ?*	***Quelles*** *sont tes chansons préférées ?*
[nom masculin pluriel]	[nom féminin pluriel]
Il ne sait plus à ***quel*** *saint se vouer.*	*Je me demande* ***quelle*** *sera sa réaction.*
[nom masculin singulier]	[nom féminin singulier]

  - Pour exprimer votre sentiment sur ce nom : ***Quel*** *temps !* ***Quelle*** *ingrate tu fais !* ***Quels*** *idiots !* ***Quelles*** *belles plantes !*

- En deux mots

  QU'ELLE ou QU'ELLES vous permettent d'utiliser le pronom personnel sujet ELLE(S). Dans ce cas, le masculin vous sauve ! Si vous pouvez écrire QU'IL, écrivez QU'ELLE : *Je ne savais pas* ***qu'elle*** *était si douée* car vous pouvez dire *Je ne savais pas* ***qu'il*** *était si doué !*

  Si vous parlez de plusieurs personnes, choses, écrivez ELLES : *Je m'attends à ce* ***qu'elles*** *aillent au moins en finale.* (= les joueuses)

Écrire QUELQUE ou QUEL QUE et savoir quand les accorder

- En un seul mot
  - QUELQUE accompagne un nom commun.
    - → Vous l'employez pour dire « plusieurs » ? Accordez-le avec son nom, toujours au pluriel : *J'ai **quelques** reproches à te faire.* (= plusieurs reproches)

Ne confondez pas ***quelques fois*** (= plusieurs fois) : *je suis déjà venu **quelques fois** à Paris* et ***quelquefois*** (= parfois, de temps en temps) que vous pouvez déplacer plus facilement dans la phrase : *Ils viennent **quelquefois** le dimanche* > ***Quelquefois**, ils viennent le dimanche.*

- → Vous l'employez pour dire « un certain, un quelconque, n'importe quel » ? Écrivez-le toujours au singulier : *Il m'a raconté **quelque** histoire improbable pour justifier son retard.*

  Quelque chose est toujours invariable !

- → Il accompagne un nom dans l'expression *quelque… que/qui ?* Vous l'employez pour exprimer la concession ; accordez-le avec son nom : ***Quelques** faiblesses **qu**'il ait, il n'en reste pas moins sympathique.* (= *Il a beau avoir des faiblesses, je le trouve sympathique.*)

- Vous employez QUELQUE avec un nombre ?

  - Si QUELQUE précède ce nombre, il veut dire « environ » et est invariable : *Il me reste **quelque** cent pages à lire.*

  - ***Et quelques*** suit un nombre ? Il vous permet de dire « et un peu plus » : écrivez-le toujours au pluriel : *Il a vingt **et quelques** années.*

- En deux mots

  QUEL QUE accompagne le verbe ÊTRE sous la forme *soit/soient* et vous permet d'évoquer toutes les éventualités possibles pour faire une concession : ***Quel que** soit ton amour pour moi, tu dois arrêter de me faire une telle cour* (= *Tu m'aimes peut-être énormément **mais** tu dois arrêter !*)

Vous devez accorder QUEL avec le nom qui suit le verbe *soit/soient* :

Quel que *soit ton amour ;*
[masculin singulier]

quelle que *soit ton admiration ;*
[féminin singulier]

quelles que *soient tes raisons.*
[féminin pluriel]

Choisir entre ON et ON N'

À l'oral, vous prononcez de la même façon ON et ON N' :

Soit le mot qui suit ON commence par une voyelle et vous faites la liaison : ***On****_ira au cinéma.*

Soit il y a bien un N' après ON : ***On n'ira*** *pas au cinéma.*

- En un seul mot :

  Vous devez vous demander si votre phrase est à la forme affirmative ou négative ; si elle est à la forme affirmative, écrivez ON : ***On*** *attend encore un peu !*

- En deux mots :

  Si votre phrase est à la forme négative, vous écrirez un N' supplémentaire, qui correspond au NE négatif (on supprime le E quand le mot suivant commence par une voyelle) :

  On n'attendra pas plus d'une heure !

  [n = mot négatif] [pas = mot négatif]

ASTUCE

La plupart du temps, vous utilisez deux mots pour exprimer la négation (*ne... pas, ne... jamais, ne... plus*). Cherchez donc le second mot négatif pour vérifier que vous devez bien écrire ON N' : *On n'est* ***pas*** *assez patients avec lui ! On n'a* ***jamais*** *loupé une séance à cause de lui ; on n'a qu'à ne* ***plus*** *lui donner rendez-vous à l'extérieur mais à l'intérieur de la salle.*

Vous hésitez encore ? Remplacez ON par IL :

Vous entendez encore le « N » ? C'est une phrase négative, écrivez ON N' : *Il* ***n'****a pourtant pas l'habitude d'être en retard* > ***On n'****a pourtant pas l'habitude d'être en retard.*

Vous n'entendez plus le son « N » ? Votre phrase est affirmative, écrivez ON : *Il espère encore* > ***On*** *espère encore.*

Écrire QUOIQUE ou QUOI QUE

Ces mots, que vous prononcez de la même façon à l'oral, expriment une objection ou une concession (= vous reconnaissez qu'une partie de quelque chose est vraie mais vous restez opposé à l'idée d'ensemble).

- En un seul mot
  - Vous pouvez le remplacer par *encore que ?* C'est que vous émettez des réserves, écrivez QUOIQUE : *Je l'aime bien, il est gentil ;* ***quoique****…* (= encore que)
  - Vous pouvez le remplacer par *bien que ?* Écrivez également QUOIQUE : ***Quoique*** *tu sois cruel avec moi, je reste ton ami.* = *bien que tu sois cruel avec moi*
- En deux mots

  Vous pouvez le remplacer par *quelle que soit la chose que* (ou *qui*) ? Écrivez QUOI QUE : ***Quoi que*** *je fasse, où que je sois… je pense à toi ! = quelle que soit la chose que je fasse*

En faisant le même test, vous ferez bien la différence entre *quoi que ce soit* et *quoique ce soit :*

Quoique *ce soit l'heure de partir, je veux bien flâner encore un peu ici.* (= bien que ce soit l'heure de partir)

Tu peux me demander ce que tu veux, ***quoi que*** *ce soit !* (= quelle que soit cette chose)

Distinguer POURQUOI de POUR QUOI

- En un seul mot

  Vous employez POURQUOI pour poser une question, demander une réponse. Vous pouvez le remplacer par « pour quelle raison ? » :

- Dans une phrase interrogative : ***Pourquoi*** *me parles-tu encore de cette vieille histoire ?* (= pour quelle raison ?)
- Quand vous rapportez une interrogation : *Je lui ai demandé* ***pourquoi*** *il m'en parlait encore.* (= pour quelle raison)

- En deux mots

  Vous employez POUR QUOI pour exprimer **un but**, un objectif.

  - Vous pouvez le remplacer par « dans ce but, pour cela » : *J'ai fait du rangement, c'est ce* ***pour quoi*** *vous me payez !* (= c'est pour cela que vous me payez)
  - Quand vous posez une question, vous pouvez le remplacer par « dans quel but ? » : *Je lui ai demandé de m'attendre quelques minutes. Il m'a répondu : « Et* ***pour quoi*** *? »* (= dans quel but ? pour quoi faire ?)

Savoir écrire DANS, DENT ou D'EN

- En un seul mot

  DANS vous permet de situer dans le temps ou dans l'espace : ***Dans*** *deux mois, nous emménagerons* ***dans*** *notre maison !* Parfois, cette situation correspond plus à une image : *Il est* ***dans*** *un état !*

  Votre DENT vous fait souffrir ? Consultez un dentiste ! Il s'agit alors du nom féminin : ***une dent***.

- En deux mots

  Quand vous employez D'EN, vous utilisez en fait DE + EN : *La maison* ***d'en*** *face* (= de en face) *est à vendre.*

  - Vous écrirez D'EN devant un verbe : *Arrête* ***d'en*** *parler !*
  - Vous écrirez D'EN pour les expressions *d'en face, d'en haut, d'en bas* : *La boulangerie* ***d'en bas*** (= la boulangerie de en bas) *est encore ouverte, cours-y !*

Avoir AFFAIRE ou À FAIRE ?

- En un seul mot

  Vous avez AFFAIRE à quelqu'un, à quelque chose quand vous êtes en relation avec cette personne ou cette chose, quand vous y êtes confronté. Repérez bien l'expression ***avoir affaire à*** : *Si tu **as affaire à** ce bonhomme, tu vas souffrir ! Mais **à** quel mystère **avons-nous affaire ?***

- En deux mots

  Vous avez quelque chose À FAIRE quand vous avez un travail à accomplir : *J'ai mes devoirs **à faire** avant de sortir... mais je n'en ai rien **à faire**, partons nous promener !*

  Vous pouvez aussi avoir ***à faire***, sans préciser davantage : *Je te laisse, j'ai **à faire**.*

Ne doublez pas le A ! Si vous avez déjà un ***à*** dans la phrase, un seul suffit : écrivez ***affaire :*** *Tu vas avoir **affaire à** moi !*

Se décider entre PLUTÔT et PLUS TÔT

- En un seul mot
  - Vous employez PLUTÔT pour dire « si possible », « de préférence » : *Je suis **plutôt** fromage que dessert.* (= je prendrais de préférence du fromage)
  - Vous pouvez aussi employer PLUTÔT pour préciser ou rectifier quelque chose : *Je sais que je t'ennuie, ou **plutôt** que je t'agace.* (= plus exactement je t'agace)
  - PLUTÔT peut aussi remplacer « assez » : *Je suis **plutôt** en forme en ce moment.* (= assez en forme)
- En deux mots

  Vous employez PLUS TÔT pour dire « avant », « auparavant » : *Nous avons rendez-vous à cinq heures, mais n'hésite pas à venir **plus tôt** si tu te libères.* (= avant cinq heures)

Vous pouvez le remplacer par son contraire *plus tard ?* Écrivez PLUS TÔT : *J'ai regardé la télévision uniquement parce que j'ai fini mes devoirs* ***plus tard*** *que prévu ! > J'ai fini mes devoirs* ***plus tôt*** *que prévu !*

Vous écrirez PLUS TÔT si vous pouvez le remplacer par *à peine : Elle n'avait pas* ***plus tôt*** *fini sa phrase qu'elle regrettait ses paroles.*

Deux ou trois mots ? Trancher entre PARCE QUE ou PAR CE QUE

- En deux mots
  - Vous employez PARCE QUE pour exprimer une cause : *Tu ne l'aimes pas* ***parce qu'il*** *t'a battu au tennis !* (= le fait qu'il ait gagné au tennis explique que tu ne l'aimes pas) Vous pouvez dans ce cas remplacer PARCE QUE par PUISQUE ou par CAR : *Tu ne l'aimes pas car il t'a battu au tennis !*
  - Vous l'employez seul, comme une réponse, pour dire que vous refusez de vous expliquer ? Écrivez PARCE QUE : *Pourquoi suis-je puni ? Parce que !*
- En trois mots

  Vous employez beaucoup plus rarement PAR CE QUE : *Nous avons été surpris* ***par ce que*** *tu lui as dit : ce que tu lui as dit nous a surpris.*

  Si vous pouvez le remplacer par « la chose que », écrivez PAR CE QUE : *Je suis stupéfait* ***par ce que*** *tu m'apprends ! = Je suis stupéfait* ***par la chose que*** *tu m'apprends ! = Ce que tu m'apprends me stupéfie !*

Chapitre 17

Les faux jumeaux : dix homophones à savoir distinguer

Dans ce chapitre :

- Ne pas confondre des mots qui sont identiques à l'oral
- Éviter des erreurs courantes

Il était une fois, dans la ville de Foix, un marchand de foie qui se disait « Ma foi… »…

Ce chapitre attire votre attention sur le cas particulier des homophones, ces mots qui se prononcent de la même façon, bien qu'ayant un sens, une origine et une orthographe différents. S'il vous arrive de les écrire un peu machinalement sans y réfléchir, ou d'hésiter, ce chapitre vous fournit des moyens simples et efficaces pour éviter des confusions qui peuvent être parfois fâcheuses.

Vous hésitez entre ET ou EST ?

ET vous sert à relier deux éléments ; EST provient du verbe/auxiliaire ***ÊTRE*** au présent, à la 3e personne du singulier.

Pour trancher entre les deux orthographes, **remplacez par ÉTAIT**. Si votre phrase garde un sens, écrivez EST. Sinon, c'est que vous devez écrire ET.

ASTUCE

Une astuce supplémentaire ! Pour confirmer le choix de ET, sachez que vous pouvez le compléter dans la phrase par ET ÉGALEMENT.

Nous avons eu un temps beau… froid.

Vous ne pouvez pas dire *nous avons eu un temps beau ~~était~~ froid.* Il faut donc écrire *un temps beau* **ET (ÉGALEMENT)** *froid.*

Un camion… tombé en panne devant chez moi. Vous pouvez dire *un camion était tombé en* [auxiliaire *être*] *panne devant chez moi.* Il faut donc écrire *un camion* ***EST*** *tombé en panne devant chez moi.*

Comment facilement distinguer SON et SONT ?

- SON est un déterminant possessif, vous l'emploierez donc **toujours devant un nom**, éventuellement précédé d'un ou de plusieurs adjectifs ; SONT provient du verbe/auxiliaire ***être*** au présent, à la 3e personne du pluriel.
  - Vous pouvez remplacer par ÉTAIENT ? Écrivez SONT : *Les iris* ***sont*** *en fleur* car *Les iris* ***étaient*** *en fleur.*
  - Si la phrase n'a plus de sens, c'est que vous devez écrire SON : *Il est venu avec* ***son*** *bouquet.* car *Il est venu avec* ~~***étaient***~~ *bouquet.*

ASTUCE

Pour être bien sûr de l'orthographe SON, vous pouvez aussi modifier légèrement la phrase à l'aide d'un équivalent féminin précédé de SA. Si cela fonctionne, c'est bien SON que vous devez écrire.

Elle est venue avec… horrible petit ami. Vous ne pouvez pas dire *elle est venue avec ~~étaient~~ horrible petit ami,* mais vous pouvez transformer en *elle est venue avec sa gentille petite amie.*

[adjectifs + nom]

Il faut donc écrire ***son*** *horrible petit ami.*

- Il existe deux noms que vous orthographierez aussi SON : ***le son,*** celui que mange l'âne, et celui que vous entendez !

Ne vous emmêlez pas entre ON et ONT !

Vous écrivez **ONT** s'il s'agit du verbe/auxiliaire **avoir** à la 3e personne du pluriel au présent ; **ON** est toujours un pronom.

Vous choisirez ONT les yeux fermés si vous pouvez le remplacer par AVAIENT et que la phrase garde un sens : *Ils **ont** (= avaient) adoré ta présentation.* Si elle n'a plus de sens, c'est que vous devez écrire ON : ***on** adore ta présentation.*

En plus du test avec AVAIENT, vous confirmerez l'orthographe ON si vous pouvez le remplacer dans la phrase par NOUS ou par QUELQU'UN.

C'est quand… est jeune qu'il faut voyager.

La phrase *c'est quand ~~avaient~~ jeune qu'il faut voyager* ne veut rien dire, vous devez donc écrire *c'est quand **on** est jeune qu'il faut voyager.*
Vous hésitez encore ? Remplacez par NOUS/QUELQU'UN : *c'est quand nous sommes jeunes/c'est quand quelqu'un est jeune qu'il faut voyager.*

Un mauvais réflexe à faire disparaître ! Comme ON peut être l'équivalent de NOUS, vous pourriez être tenté de choisir d'écrire SONT à cause du pluriel. Surtout pas ! ON est un pronom de la 3e personne du singulier, l'accord du verbe vous le rappelle. ***On** ne travaille pas le 1er mai.*
[verbe à la 3e personne du singulier]

Vous saurez tout sur TOUT et TOUS !

L'essentiel en termes d'orthographe est de savoir différencier le singulier du pluriel : TOUT est singulier, TOUS est pluriel ! Un autre TOUT, adverbe, est invariable.

- Écrivez TOUT
  - Si vous pouvez le remplacer par TOTALEMENT !

Nina et Duncan sont arrivés… excités. Vous pouvez dire *Nina et Duncan sont arrivés* totalement *excités,* donc écrivez TOUT.

- S'il est suivi d'un nom singulier, souvent précédé d'un déterminant (*tout le, tout un, tout son, tout leur…*), même si le sens du mot vous fait penser à un pluriel !

  ***Tout** le monde,* [nom singulier] ***tout** son mobilier,* [nom singulier]

  ***tout** individu,* [nom singulier] *à **tout** prix,* [nom singulier]

  ***tout** leur argent* [nom singulier]

- Si vous pouvez remplacer par « la totalité des choses » : ***Tout** va mal ! Il a **tout** mangé.*

- Écrivez TOUS

  - S'il est suivi d'un **nom au pluriel** souvent précédé d'un déterminant également au pluriel (*tous les, tous ses, tous ces, tous mes, tous nos, tous leurs..)* : *à **tous** égards, **tous** feux éteints, une assurance **tous** risques, **tous** les jeudis, **tous** leurs souvenirs.*
  - Si vous percevez le **S final à la prononciation** : ***tous** ne sont pas d'accord, ils sont **tous** partis.*

Malgré tout vous avez encore un doute ? Tous les détails supplémentaires sont au chapitre 12 !

Évitez les erreurs sur CE et SE

- Le plus facile à identifier est SE, qui peut devenir S' devant une voyelle ou un H !

  Sachez qu'il est **toujours placé devant un verbe qui contient SE à l'infinitif** : *se plaindre, se dresser, s'imaginer, s'habiller.* Gardez ce S quand vous conjuguez le verbe dans une phrase : *il **s'est** réveillé du pied gauche.* [verbe ***se** réveiller*]

ASTUCE

Changez la personne de votre verbe ! Si SE deviens ME ou TE, c'est que vous l'avez correctement orthographié : *je me suis levé du pied gauche.*

- Vous reconnaîtrez CE dans deux cas de figure :
  - Soit il est **suivi d'un nom masculin**, éventuellement précédé d'adjectifs :
    Ce *grand garçon timide est un champion de boxe.* [adjectif + nom]

    Vous pouvez aussi le remplacer par un équivalent féminin précédé de CETTE : *Cette grande fille timide est une championne de boxe* pour valider votre choix.
  - Soit CE/C' est l'**équivalent de CELA**, qui vous permet de reformuler approximativement votre phrase : ***Ce*** *que je préfère dans cette photo,* ***c'****est son cadrage = je préfère cela, cela est son cadrage.*

Pour bien maîtriser SES et CES

Ayez en tête que vous les distinguerez en **les mettant au singulier** dans votre phrase !

- Le mot devient alors SON ou SA ? Écrivez SES !
  Il a dormi avec… chats et… chiens au pied du lit devient *il a dormi avec son chien et son chat au pied du lit* : c'est donc SES la bonne orthographe.
- Le mot devient CE/CET/CETTE ? Écrivez CES !
  Je me demande où vont… hommes et… femmes déguisés en hippies devient *je me demande où vont cet homme et cette femme déguisés en hippies* : c'est donc CES la bonne orthographe.

ATTENTION !

Parfois, c'est le sens que vous voulez donner à la phrase qui vous permettra de choisir : *Certaines chansons d'Eddy sont des tubes ;*

- *avec* ***ces*** *chansons, il a conquis son public.* (= celles qui sont des tubes, celles-là)
- *avec* ***ses*** *chansons, il a conquis son public.* (= ses chansons en général, les siennes)

SOI, SOIT, SOIENT ou SOIE ?

- Vous reconnaîtrez SOI aisément car vous pouvez le reformuler en SOI-MÊME.

  Faut-il ne jamais penser à… = Faut-il ne jamais penser à ***soi****-même ? Cela va de* ***soi*** *(-même).*

Vous aurez recours à l'orthographe SOI pour *soi-disant* : *ce* ***soi-disant*** *spécialiste* signifie en effet que c'est cet homme qui dit de « soi-même » qu'il est spécialiste.

- Écrivez SOIT lorsque
  - Vous pouvez remplacer ce mot par OU BIEN. *Nous souhaitons un rendez-vous… mardi… mercredi = nous souhaitons un rendez-vous ou bien mardi ou bien mercredi.*
  - Vous pouvez le remplacer par C'EST-À-DIRE. *Il a couru un marathon entier… 42,195 km = il a parcouru un marathon entier c'est-à-dire 42,195 km.*
  - Il est l'équivalent de D'ACCORD. Dans ce cas le T final de ***soit*** se prononce, vous entendez « swat ». *Il est malade…, mais cela ne lui donne pas tous les droits = il est malade, d'accord, mais cela ne lui donne pas tous les droits.*
  - Vous identifiez le verbe/auxiliaire *ÊTRE* à la 3e personne du singulier [au subjonctif]. *Je voudrais que ma requête… prise en considération =* il s'agit de l'expression *être pris en considération,* le sujet est *ma requête,* donc écrivez ***soit.***

C'est cette forme que vous retrouvez dans les expressions : *un tant* ***soit*** *peu, quoi qu'il en* ***soit.*** Vous l'utiliserez aussi pour les énoncés mathématiques : ***soit*** *un triangle rectangle…*

- Vous identifiez le verbe/auxiliaire *être* à la 3e personne du pluriel [au subjonctif] ?

  Écrivez **SOIENT** : *il importe que nos collaborateurs… sur le chantier à 8 heures = être sur le chantier à 8 heures*, le sujet est *nos collaborateurs* donc écrivez ***soient.***
- Vous parlez du tissu fin et brillant ? Il s'agit de *la* SOIE. *Ces écharpes en soie sauvage valent une fortune.*

La soie c'est aussi le poil du sanglier ou du cochon. Si vous achetez une brosse en *soies*, elle sera plus rugueuse que si elle était en fils de *soie* !

Y voir enfin clair entre VOIR et VOIRE

- VOIR est celui que vous emploierez le plus souvent.

  Comme c'est un verbe à l'infinitif, remplacez-le par un autre infinitif si vous hésitez ! *Tu me feras… ton exercice de maths.* Vous pouvez dire *tu me feras vérifier ton exercice de maths,* c'est donc bien ***voir*** qu'il faut écrire !

- VOIRE est beaucoup moins fréquent. Il vous servira si vous voulez insister sur ce que vous venez d'énoncer.

  Le moyen infaillible pour ne pas tomber dans le piège est de le remplacer dans votre phrase par ET MÊME. D'ailleurs on dit souvent « VOIRE MÊME » quand on l'emploie. Dans *vous rencontrerez une situation difficile, … catastrophique,* vous écrirez ***voire*** car c'est l'équivalent de *vous rencontrerez une situation difficile, et même catastrophique.* Ce n'est pas un verbe à l'infinitif que vous pouvez remplacer par un synonyme.

Ne confondez plus CHER, CHÈRE, CHAIR et CHAIRE, cela pourrait vous coûter cher !

- Choisissez CHER [masculin] ou CHÈRE [féminin] lorsque ce mot [un adjectif] se rapporte à un nom, et faites l'accord en genre si c'est nécessaire : ***cher*** *papa,* ***chère*** *maman. Les appareils auditifs sont* ***chers.***

  Écrivez simplement CHER, sans accorder, quand vous l'employez avec un verbe comme *valoir, coûter, revenir* pour évoquer une valeur élevée : *les assurances coûtent très* ***cher*** *de nos jours.*

- Vous pourrez aussi rencontrer un nom relativement peu fréquent, la CHÈRE qui signifie « la nourriture », principalement dans l'expression *bonne/mauvaise chère. Nous avons fait bonne* ***chère*** *au mariage de Clément.* (= nous avons bien mangé)

- Orthographiez CHAIR sans E si vous parlez de muscles ou de viande : *Je n'aime pas la **chair** à saucisses.*

  Vous orthographierez ainsi les expressions : *être bien en **chair**, avoir la **chair** de poule, en **chair** et en os.*

- Plus rare, vous pouvez buter sur la CHAIRE si vous devez mentionner la tribune du haut de laquelle le prêtre dit son sermon, ou désigner un poste d'enseignant : *Il a occupé une **chaire** de médecine jusqu'à l'année dernière.*

Quelle différence entre SUBI et SUBIT ?

Pour le savoir, réfléchissez **au sens du mot** dans la phrase !

- Vous pouvez le rapprocher de *supporter, endurer* ? Écrivez SUBI car il s'agit du verbe *subir.*

  *Le navire a **subi** de nombreuses avaries.*

  N'oubliez pas d'accorder si nécessaire : *Quelles épreuves il a sub**ies** !*

- Le sens est proche des adjectifs *soudain, inattendu* ? Écrivez SUBIT. Vous pouvez vous en assurer en modifiant la phrase à l'aide d'un équivalent féminin qui vous aidera à repérer le T final.

  *Un orage **subit** a dévasté les vignes = une tempête **subite** a dévasté les vignes.*

Chapitre 18

Dix des pièges courants à éviter

Dans ce chapitre :

- Éviter des erreurs fréquentes
- Améliorer la qualité de son expression
- Mieux comprendre certaines subtilités de l'orthographe

Quelques erreurs concernant à la fois l'orthographe de certains mots et leur emploi reviennent très souvent. Ce chapitre vous propose des astuces simples pour les éviter !

Quand verbe et nom se ressemblent : savoir s'il faut ajouter ou pas un E à la fin du mot

Vous ne confondrez plus certains verbes terminés par -ER au présent et au singulier (*il calcule, il soupire*) avec le nom commun correspondant (*le calcul, un soupir*).

- Vous pouvez mettre la phrase au passé ou changer de personne ? C'est un verbe, écrivez E à la fin : *Il **désire** réussir plus que tout* car *Il **désirait** réussir* ou *Nous **désirons** réussir.*

- Sinon, c'est le nom commun, n'écrivez pas de E : *Il brûle de **désir** !* (on peut dire *un désir, le désir)*

ATTENTION !

Si c'est le verbe que vous employez, vous devrez doubler le L final.

Nom	***Verbe***
un accueil	*il accuei**lle***
un appareil	*il apparei**lle***
un conseil	*il consei**lle***
un détail	*il détai**lle***
un recueil	*il recuei**lle***
un (r)éveil	*il (r)évei**lle***
un sommeil	*il sommei**lle***
un travail	*il travai**lle***

Des personnes m'ont dit qu'il n'y avait personne ! Quand mettre un S à personne ?

- Vous accorderez le nom PERSONNE : *une personne, des personne**s***. C'est simple, ce nom a toujours un sens positif et veut dire que des gens sont bien présents ! *Les différentes personne**s** que tu rencontreras là-bas t'aideront à coup sûr !*
- Vous ne l'accorderez jamais quand il a un sens négatif et qu'il signifie « aucun individu » (c'est un pronom) : *Personne ne me parle jamais !* Pensez à conjuguer votre verbe à la 3e personne du singulier.

Je suis presque arrivé à la presqu'île ! Quand enlever la voyelle finale d'un mot ?

Vous devez parfois supprimer la voyelle finale d'un mot, quand le mot qui suit commence par une voyelle (***l'a**ttention, **l'**exemple, **l'i**nvestissement*) ou par un H muet (***l'h**abitude, **l'h**umour*). Vous remplacerez cette voyelle par une apostrophe dans les cas suivants :

- pour LA ou LE (déterminant ou pronom) : ***l'h**abit, **l'h**armonie, il **l'a**ttend.*
- pour le E de CE, DE, JE, LE, ME, NE, TE, SE et QUE : ***J'a**ime **qu'il** soit si humble.*
- pour le E de JUSQUE, LORSQUE, PARCE QUE, PUISQUE, QUOIQUE : *Je t'attends **jusqu'à** la demie.*

  Vous n'enlèverez jamais le E de PRESQUE, sauf dans *presqu'île, quelqu'un* et *quelqu'une.*
- pour le I de SI lorsqu'il est devant IL ou ILS : ***S'ils** sont mécontents, ils n'ont qu'à venir me voir.*
- pour les pronoms de la 1re et de la 2e personne du singulier devant EN et Y (dont *moi* et *toi*) : *Parle **m'en** demain, chez Lucas, je **t'y** retrouverai.*

ATTENTION !

N'enlevez pas la voyelle finale de ces mots :

- devant un H aspiré : ***la h**aine, **le h**asard, **la h**onte.*
- devant la lettre Y prononcée « ILL » : ***le y**aourt, **le yo**ga.*
- pour ces quelques mots : *la énième, la ouate, le onze, le onzième, le oui, le un, la une.*

Devant les noms propres, vous avez généralement le choix : *Voici ce **qu'A**urélie m'a révélé* ou *Voici ce **que A**urélie m'a révélé.*

Quand accorder *POSSIBLE* ?

- Vous accorderez POSSIBLE avec un nom pluriel lorsqu'il est adjectif et qu'il signifie « réalisable, imaginable » : *Explique-moi quelles sont les <u>solutions</u> **possibles**.*

- Vous ne l'accorderez jamais avec LE PLUS… ou LE MOINS… même si vous l'employez avec un nom au pluriel : *Tu dois faire **le plus** d'efforts **possible**.*
- Vous pourrez ou non l'accorder avec LES PLUS… ou LES MOINS… : *Vos analyses devront être **les plus** justes **possible(s)**.*

Choisir sans erreur le singulier ou le pluriel après SANS

Il n'y a pas de règle précise pour savoir quand utiliser le singulier ou le pluriel derrière SANS : *une maison sans jardin, un écrit sans ratures.*

- Pour trancher, remplacez SANS par son contraire AVEC : le déterminant vous renseignera :
  - *un gâteau avec **des** œufs* donc *un gâteau sans **œufs**.*
  - *un thé sans **du** sucre* donc *un thé sans **sucre**.*

BON À SAVOIR

Vous utiliserez toujours le singulier quand SANS est employé avec *crainte, délai, encombre, espoir, exception, pareil, raison, rancune* ou *suite : Je vous veux tous prêts demain à l'aube **sans exception** !*

- Pour quelques expressions, vous n'avez pas le choix :
  - Utilisez toujours le singulier pour *sans doute* (= probablement), *sans façon* (= simplement), *sans faute* (= sûrement).
  - Utilisez toujours le pluriel pour *sans enfants.*

Savoir employer le singulier ou le pluriel après DE

- Vous utiliserez le singulier après DE :

  Quand vous ne pouvez pas compter ce qui suit DE : *une sculpture de **sel**, le ballon d'**or**, des larmes de **joie**, un terrain de **camping**…*

- Vous utiliserez le pluriel après DE :
  - Quand vous ne pouvez pas mettre le mot qui le suit au singulier : *un lieu de **vacances***.
  - Quand il est suivi d'un nom pluriel que l'on peut compter : *un monceau de **billets**, un tas de **pierres***.
- Vous aurez le choix dans les autres cas : *une purée de châtaigne(s), de la crème de marron(s) :* on peut comprendre *faite avec DES châtaignes/marrons* ou *faite avec DU marron/DE LA châtaigne*.

Bien écrire la PLUPART

La PLUPART vous permet de désigner « la plus grande partie de », qu'il accompagne un nom ou qu'il le remplace : *Maintenant, je connais **la plupart** des règles d'orthographe ; lis ce livre, tu en connaîtras aussi **la plupart** !* (= *la plus grande partie des règles*)

ESPÈCE DE... !

- Même si vous parlez d'un mot masculin, vous écrirez toujours *UNE espèce de*… car *espèce* est un nom féminin : *Il est venu avec **une espèce** de déguisement étrange.*
- Vous ferez de même pour *une façon de, une manière de, une sorte de* : ***une** sorte de grand échalas.*
- Vous mettrez en revanche toujours un déterminant masculin pour *un genre de, un type de :* ***un** genre de bonne femme*…

Une lettre change tout !

Ne confondez pas :

- *un homme **sensé*** (= raisonnable) et *un homme **censé** obéir aux lois* (= supposé).
- *un **différend** entre deux personnes* (= un conflit) et *des goûts **différents*** (= qui ne sont pas les mêmes).

- *un homme* ***gai*** (= joyeux) et *un homme* gay (= homosexuel).
- *le* ***fonds*** *de pension* (= le capital) *et le* ***fond*** *de votre poche* (= la limite, le bas).
- *le* ***parti*** [nom masculin] *pour lequel vous votez* (= le regroupement politique, la position que l'on adopte, l'avantage que vous retirez), *et la* ***partie*** [nom féminin] *de tennis que vous jouez* (= le morceau de).

Pensez-y pour les expressions *prendre parti, un parti-pris,* mais *prendre à par****tie*** *!*

AVOIR L'AIR... beau ou belle ?

- Si AVOIR L'AIR signifie « paraître, sembler », vous accorderez l'adjectif qui suit avec le sujet : *Ces jardins ont l'air* ***entretenus***. (= ils semblent entretenus)
- Si AVOIR L'AIR signifie « avoir une expression », vous accorderez l'adjectif avec AIR, au masculin singulier : *Elle a l'air* ***heureux***.

Index

D

E

F

G

H

I

Q

R

S

T

U

V

X

Y

Z